Em Jesus, Deus comunica-se com o povo
Comunidades cristãs na diáspora

COLEÇÃO BÍBLIA EM COMUNIDADE

PRIMEIRA SÉRIE – VISÃO GLOBAL DA BÍBLIA

1. Bíblia, comunicação entre Deus e o povo – Informações gerais
2. Terras bíblicas: encontro de Deus com a humanidade – Terra do povo da Bíblia
3. O povo da Bíblia narra suas origens – Formação do povo
4. As famílias se organizam em busca da sobrevivência – Período tribal
5. O alto preço da prosperidade – Monarquia unida em Israel
6. Em busca de vida, o povo muda a história – Reino de Israel
7. Entre a fé e a fraqueza – Reino de Judá
8. Deus também estava lá – Exílio na Babilônia
9. A comunidade renasce ao redor da Palavra – Período persa
10. Fé bíblica: uma chama brilha no vendaval – Período greco-helenista
11. Sabedoria na resistência – Período romano
12. O eterno entra na história – A terra de Israel no tempo de Jesus
13. A fé nasce e é vivida em comunidade – Comunidades cristãs na terra de Israel
14. Em Jesus, Deus comunica-se com o povo – Comunidades cristãs na diáspora
15. Caminhamos na história de Deus – Comunidades cristãs e sua organização

SEGUNDA SÉRIE – TEOLOGIAS BÍBLICAS

1. Deus ouve o clamor do povo (Teologia do êxodo)
2. Vós sereis o meu povo e eu serei o vosso Deus (Teologia da aliança)
3. Iniciativa de Deus e corresponsabilidade humana (Teologia da graça)
4. O Senhor está neste lugar e eu não sabia (Teologia da presença)
5. Profetas e profetisas na Bíblia (Teologia profética)
6. O Sentido oblativo da vida (Teologia sacerdotal)
7. Faça de sua casa um lugar de encontro de sábios (Teologia sapiencial)
8. Grava-me como selo sobre teu coração (Teologia bíblica feminista)
9. Teologia rabínica (em preparação)
10. Paulo, apóstolo de Jesus Cristo pela vontade de Deus (Teologia paulina)
11. Compaixão, cruz e esperança (Teologia de Marcos)
12. Lucas e Atos: uma teologia da história (Teologia lucana)
13. Ide e fazei discípulos meus todos os povos (Teologia de Mateus)
14. Teologia joanina (em preparação)
15. Eis que faço novas todas as coisas (Teologia apocalíptica)
16. As origens apócrifas do cristianismo (Teologia apócrifa)
17. Teologia da Comunicação (em preparação)
18. Minha alma tem sede de Deus (Teologia da espiritualidade bíblica)

TERCEIRA SÉRIE – BÍBLIA COMO LITERATURA

1. Bíblia e Linguagem: contribuições dos estudos literários (em preparação)
2. Introdução às formas literárias no Primeiro Testamento (em preparação)
3. Introdução às formas literárias no Segundo Testamento (em preparação)
4. Introdução ao estudo das Leis na Bíblia
5. Introdução à análise poética de textos bíblicos
6. Introdução à Exegese patrística na Bíblia (em preparação)
7. Método histórico-crítico (em preparação)
8. Análise narrativa da Bíblia
9. Método retórico e outras abordagens (em preparação)

QUARTA SÉRIE – RECURSOS PEDAGÓGICOS

1. O estudo da Bíblia em dinâmicas – Aprofundamento da Visão Global da Bíblia
2. Aprofundamento das teologias bíblicas (em preparação)
3. Aprofundamento da Bíblia como Literatura (em preparação)
4. Pedagogia bíblica
   4.1. Primeira infância: E Deus viu que tudo era bom
   4.2. Segundo Infância (em preparação)
   4.3. Pré-adolescência (em preparação)
   4.4. Adolescência (em preparação)
   4.5. Juventude (em preparação)
5. Modelo de ajuda (em preparação)
6. Mapas e temas bíblicos (em preparação)
7. Metodologia de estudo e pesquisa (em preparação)

Serviço de Animação Bíblica - SAB

Em Jesus, Deus comunica-se com o povo
Comunidades cristãs na diáspora (40-70 E.C.)

4ª edição – 2009
4ª reimpressão – 2020

Dados Internacionais de Catalogação na Publicação (CIP)
(Câmara Brasileira do Livro, SP, Brasil)

Em Jesus, Deus comunica-se com o povo : comunidades cristãs na diáspora (40-70 E.C.) / ilustrações Roberto Melo ; elaboração do texto Paulo Sérgio Soares e Equipe do SAB. – 4. ed. – São Paulo : Paulinas, 2009. – (Coleção Bíblia em comunidade. Série Visão global ; v. 14)

ISBN 978-85-356-0804-5

1. Bíblia - Estudo e ensino - Metodologia 2. Comunidades cristãs - História 3. Igreja - História - Igreja primitiva I. Soares, Paulo Sérgio. II. Serviço de Animação Bíblica - SAB. III. Melo, Roberto. IV. Série.

09-00305   CDD-270.1

Índice para catálogo sistemático:
1. Comunidades cristãs : Igreja cristã primitiva   270.1

Elaboração do texto:	*Pe. Paulo Sérgio Soares e Equipe do SAB*
Assessores bíblicos:	*Jacil Rodrigues de Brito, José Raimundo Oliva,*
	Valmor da Silva, Romi Auth, fsp
Cartografia:	*Prof. Dr. José Flávio Morais Castro, do*
	Departamento de Planejamento Territorial
	e Geoprocessamento do IGCE – UNESP
Metodologia:	*Maria Inês Carniato*
Ilustrações:	*Roberto Melo*
Citações bíblicas:	*Bíblia de Jerusalém, São Paulo, Paulus, 1985*

Gratidão especial às pessoas que colaboraram, com suas experiências, sugestões e críticas, para a elaboração e apresentação final do projeto "Bíblia em comunidade" na forma de livro e transparências para retroprojetor.

Revisado conforme a nova ortografia

Nenhuma parte desta obra poderá ser reproduzida ou transmitida por qualquer forma e/ou quaisquer meios (eletrônico ou mecânico, incluindo fotocópia e gravação) ou arquivada em qualquer sistema ou banco de dados sem permissão escrita da Editora. Direitos reservados.

SAB – Serviço de Animação Bíblica
Av. Afonso Pena, 2142 – Bairro Funcionários
30130-007 – Belo Horizonte – MG
Tel.: (31) 3269-3737 / Fax: (31) 3269-3729
E-mail: sab@paulinas.com.br

Paulinas
Rua Dona Inácia Uchoa, 62
04110-020 – São Paulo – SP (Brasil)
Tel.: (11) 2125-3500
http://www.paulinas.com.br – editora@paulinas.com.br
Telemarketing e SAC: 0800-7010081

© Pia Sociedade Filhas de São Paulo – São Paulo, 2002

Sumário

APRESENTAÇÃO 7

METODOLOGIA 9

Motivação 9
Sintonia integral com a Bíblia 9
Pressupostos da metodologia integral 10
Recursos metodológicos 11
Roteiro para o estudo dos temas 12
Cursos de capacitação de agentes para a pastoral bíblica 12

INTRODUÇÃO 13

1º TEMA – DIÁSPORAS HOJE: MIGRAÇÕES E EXCLUSÃO 15
Revendo o caminho feito 16
Jerusalém: Igreja-Mãe 16
Diáspora, saudade da terra-mãe! 19
O judaísmo da periferia 19
Um judaísmo mais livre 20
Migrações: diáspora geográfica 21
Os estrangeiros são sempre excluídos 22
A diáspora da exclusão cultural 22
Consequências políticas da exclusão 23
Diáspora social: os excluídos da sociedade 24
Cristianismo e exclusão 24
A força do Evangelho 25
Roteiro para o estudo do tema 26

2º TEMA – O DOM DE DEUS É PARA TODOS 27
Comunidades cristãs da diáspora 28
Um novo público-alvo 28
Raízes escondidas 29
Na Síria: entusiasmo e ousadia (At 9–12) 29
Testando os ânimos: primeira viagem de Paulo (At 13–14) 35
Roteiro para o estudo do tema 42

3º TEMA – DA ÁSIA PARA A EUROPA: SEGUNDA VIAGEM DE PAULO (AT 15,36–18,23) 45

Males que vêm para bem 46

Filipos: um encontro junto ao rio 48

Tessalônica (Macedônia) 49

Bereia (Macedônia) 51

Atenas (Acaia): entre a cultura e a fé 52

Corinto (Acaia): o encontro de todos os povos 52

A escrita comunica a força do Evangelho: terceira viagem de Paulo (At 18,23–21,16) 54

Éfeso 55

Um "fóssil" da liturgia cristã dos primórdios 59

Mileto 60

Roteiro para o estudo do tema 61

4º TEMA – PRESENÇA CRISTÃ EM TODO O IMPÉRIO 63

O prisioneiro no Senhor: quarta viagem de Paulo (At 21–28) 64

Tormentas da viagem 64

Putéoli ou Pozzuoli (Itália) 65

Roma (Itália) 65

Diversas regiões 67

Roteiro para o estudo do tema 71

5º TEMA – JESUS ESTÁ NA HISTÓRIA 73

Uma década de profundas mudanças (60 E.C.) 74

O anúncio do "evangelho" em Paulo 75

Recuperando a "face" do Jesus histórico 76

O evangelho de Marcos 76

A Galileia sob grilhões 77

Um discípulo de João: entre as feras e os anjos 78

Sair da casa para seguir o caminho da libertação 78

Conclusão 80

Roteiro para o estudo do tema 84

SUBSÍDIOS DE APOIO 86

Apresentação

Os volumes da coleção "Bíblia em comunidade" têm o objetivo de acompanhar os que desejam entrar em comunicação e comunhão com Deus por meio da Bíblia, trazendo-a para o centro de sua vida e da comunidade.

Muitas pessoas — e talvez você — têm a Bíblia e a colocam num lugar de destaque em sua casa; outras fazem dela o livro de cabeceira; outras, ainda, a leem engajadas na caminhada de fé de sua Igreja, seguindo sua orientação. Muitas, ao lê-la, sentem dificuldade de entendê-la e a consideram misteriosa, complicada, difícil. Algumas das passagens até provocam medo. Por isso, a leitura, o estudo, a reflexão, a partilha e a oração ajudam a despertar maior interesse nas pessoas; na sua leitura diária elas descobrem a Palavra como força que as leva a ver a realidade com olhos novos e a transformá-la. O conhecimento, a libertação, o amor, a oração e a vida nova que percebem ao longo da caminhada são realizações de Deus com a sua presença e ação.

Esta coleção oferece um estudo progressivo em quatro séries. A primeira, "Visão global", traz as grandes etapas da história do povo da Bíblia: a terra, a região, o povo, a cultura, os personagens, as narrativas que o povo escreveu para mostrar a relação de amor que se estabeleceu entre ele e Deus. À medida que vamos conhecendo a origem e a história do povo, percebemos que a Bíblia retrata a experiência de pessoas como nós, que descobriram a presença de Deus no cotidiano de sua vida e no da comunidade, e assim deram novo sentido aos acontecimentos e à história.

"Teologias bíblicas" são o assunto da segunda série, que estuda aquilo que o povo da Bíblia considerou essencial em sua comunicação com Deus. As grandes experiências de fé foram sempre contadas, revividas e celebradas nos momentos mais importantes da história e ao longo das gerações. O povo foi entendendo progressivamente quem era Deus na multiplicidade de suas manifestações, especialmente nas situações difíceis de sua história.

O título da terceira série é "Bíblia como literatura". Nela são retomados os textos bíblicos de épocas, lugares, contextos sociais, culturais e religiosos diferentes. Vamos estudar, por meio dos diversos gêneros literários, a mensagem, a interpretação e o sentido que eles tiveram para o povo da Bíblia e que nós podemos descobrir hoje. Cada um deles expressa, de forma literária

Visão Global 14

e orante, a experiência de fé que o povo fez em determinadas situações concretas. Os tempos de hoje têm muitas semelhanças com os tempos bíblicos. Embora não possamos transpor as situações do presente para as da época bíblica, pois os tempos são outros, o conhecimento da situação em que os escritos nasceram ajuda-nos a reler a nossa realidade atual com os mesmos olhos de fé.

Por fim, a quarta série, "Recursos pedagógicos", traz ferramentas metodológicas importantes para auxiliar no estudo e aprofundamento do conteúdo que é oferecido nas três séries: "Visão global da Bíblia", "Teologias bíblicas" e "Bíblia como literatura". Esta série ajuda, igualmente, na aplicação de uma Metodologia de Estudo e Pesquisa da Bíblia; na Pedagogia Bíblica usada para trabalhar a Bíblia com crianças, pré-adolescentes, adolescentes e jovens; na relação de ajuda para desenvolver as habilidades de multiplicador e multiplicadora da Palavra, no meio onde vive e atua.

A coleção "Bíblia em comunidade" quer acompanhar você na aventura de abrir, ler e conhecer a Bíblia, e, por meio dela, encontrar-se com o Deus Vivo. Ele continua, hoje, sua comunicação em nossa história e com cada um(a) de nós. Mas, para conhecê-lo profundamente, é preciso deixar que a luz que nasce da Bíblia ilumine o contexto de nossa vida e de nossa comunidade.

Este e os demais subsídios da coleção "Bíblia em comunidade" foram pensados e preparados para pessoas e grupos interessados em fazer a experiência da revelação de Deus na história e em acompanhar outras pessoas nessa caminhada. O importante neste estudo é perceber a vida que se reflete nos textos bíblicos, os quais foram vida para nossos antepassados e podem ser vida para nós. Sendo assim, as ciências, a pesquisa, a reflexão sobre a história e os fatos podem nos ajudar a não cair numa leitura fundamentalista libertando-nos de todos os "ismos" — fundamentalismos, fanatismos, literalismos, proselitismos, exclusivismos, egoísmos... — e colocando-nos numa posição de abertura ao inesgotável tesouro de nossas tradições milenares. A mensagem bíblica é vida, e nossa intenção primeira é evidenciar e ajudar a tornar possível essa vida.

Vamos juntos fazer esta caminhada!

Equipe do SAB

Metodologia

Para facilitar a compreensão e a assimilação da mensagem, a coleção "Bíblia em comunidade" segue uma metodologia integral, que descrevemos a seguir.

Motivação

"Tira as sandálias", diz Deus a Moisés, quando o chama para conversar (Ex 3,5). Aproximar-se da Bíblia de pés descalços, como as crianças gostam de andar, é entrar nela e senti-la com todo o ser, permitindo que Deus envolva nossa capacidade de compreender, sentir, amar e agir.

Para entrar em contato com o Deus da Bíblia, é indispensável "tornar-se" criança. É preciso "tirar as sandálias", despojar-se do supérfluo e sentir-se totalmente pessoa, chamada por Deus pelo nome, para se aproximar dele, reconhecê-lo como nosso *Go'el*, nosso Resgatador, e ouvi-lo falar em linguagem humana. A comunicação humana é anterior aos idiomas e às culturas. Para se comunicar, todo ser humano utiliza, ainda que inconscientemente, a linguagem simbólica que traz dentro de si, a qual independe de idade, cultura, condição social, gênero ou interesse. É a linguagem chamada primordial, isto é, primeira: a imagem, a cor, o ritmo, a música, o movimento, o gesto, o afeto, enfim, a experiência.

A escrita, a leitura e a reflexão são como as sandálias e o bastão de Moisés: podem ajudar na caminhada até Deus, mas, quando se ouve a voz dele chamando para conversar, não se leva nada. Vai-se só, isto é, sem preconceitos nem resistências: "como criança", de pés descalços.

Sintonia integral com a Bíblia

O estudo da Bíblia exige uma metodologia integral, que envolva não só a inteligência, mas também o coração, a liberdade e a comunidade.

Com a inteligência, pode-se conhecer a experiência do povo da Bíblia:
- descobrir o conteúdo da Bíblia;
- conhecer o processo de sua formação;
- compreender a teologia e a antropologia que ela revela.

Visão Global 14

Com o coração, é possível reviver essa experiência:

- entrar na história da Bíblia, relendo a história pessoal e a comunitária à luz de Deus;
- realizar a partilha reverente e afetiva da história;
- deixar que a linguagem humana mais profunda aflore e expresse a vida e a fé.

Com a liberdade, a pessoa pode assumir atitudes novas:
- deixar-se iluminar e transformar pela força da Bíblia;
- viver atitudes libertadoras e transformadoras;
- fazer da própria vida um testemunho da Palavra de Deus.

Com a comunidade, podemos construir o projeto de Deus:
- iluminar as diversas situações da vida;
- compartilhar as lutas e os sonhos do povo;
- comprometer-se com a transformação da realidade.

Pressupostos da metodologia integral

Quanto aos recursos:
- os que são utilizados com crianças são igualmente eficazes com adultos, desde que estes aceitem "tornar-se crianças";
- incentivam o despojamento, a simplicidade e o resgate dos valores esquecidos na vida da maioria dos adultos. As duas expressões elementares da linguagem humana primordial são imagem-cor, movimento-ritmo. Todo recurso metodológico que partir desses elementos encontra sintonia e pode se tornar eficaz.

Quanto à experiência proposta:

A metodologia integral propõe que o conhecimento seja construído não só por meio do contato com o texto escrito, mas também da atualização da experiência. Para isso é indispensável:
- a memória partilhada e reverente da história, do conhecimento e da experiência de cada um dos participantes;
- o despojamento de preconceitos, a superação de barreiras e o engajamento nas atividades alternativas sugeridas, como encenações, danças, cantos, artes.

Recursos metodológicos

Para que a metodologia integral possa ser utilizada, a coleção "Bíblia em comunidade" propõe os seguintes recursos metodológicos:

a) Livros

Os livros da coleção trazem, além do conteúdo para estudo, as sugestões de metodologia de trabalho com os temas em foco. Podem ser utilizados de várias formas: em comunidade ou em grupo, em família ou individualmente.

1. Partilha comunitária

Pode-se reunir um grupo de pessoas, lideradas por alguém que tenha capacitação para monitorar a construção comunitária da experiência, a partir da proposta dos livros.

2. Herança da fé na família

Os livros podem ser utilizados na família. Adultos, jovens, adolescentes e crianças podem fazer a experiência sistemática de partilha da herança da fé, seguindo a metodologia sugerida nas reuniões, como se faz na catequese familiar.

Na modalidade de estudo em comunidade, em grupo ou em família, existem ainda duas opções:

- *Quando todos possuem o livro*. O conteúdo deve ser lido por todos, antes da reunião; nela se faz o mutirão da memória do que foi lido e o(a) líder coordena a síntese; depois se realiza o roteiro previsto nas sugestões metodológicas para o estudo do tema.
- *Quando só o(a) líder tem o livro*. Fica a cargo do(a) líder a prévia leitura e síntese do conteúdo, que será exposto ao grupo. Passa-se a seguir o roteiro previsto nas sugestões metodológicas para o estudo do tema.

3. Estudo pessoal dos livros

Embora a coleção dê ênfase ao estudo da Bíblia em comunidade, os livros podem ser utilizados também por pessoas que prefiram conhecê-la e estudá-la individualmente, seguindo os vários temas tratados.

b) Recursos visuais

Para que se realize a metodologia integral, são indispensáveis mapas, painéis e ilustrações, indicados nos roteiros de estudo dos temas, sempre que necessário. Os recursos seguem alguns critérios práticos:

- os mapas se encontram nos livros, para que as pessoas possam colori-los e visualizá-los;
- esses mapas foram reproduzidos em transparências para retroprojetor;
- outros recursos sugeridos nos roteiros podem ser produzidos segundo a criatividade do grupo.

Roteiro para o estudo dos temas

Os encontros para o estudo dos temas seguem um roteiro básico composto de quatro momentos significativos. Cada momento pode ter variantes, como também a sequência dos momentos e os recursos neles usados nem sempre são os mesmos. Os quatro momentos são:

1. *Oração*: conforme a criatividade do grupo.
2. *Mutirão da memória*: para compor a síntese do conteúdo já lido por todos ou para ouvir a exposição feita pelo(a) líder.
3. *Partilha afetiva*: memória e partilha de experiências pessoais que ilustrem os temas bíblicos que estão sendo trabalhados.
4. *Sintonia com a Bíblia*: leitura dos textos indicados, diálogo e síntese da experiência de estudar o tema e sua ressonância em nossa realidade. Cabe ao(à) líder mostrar os pontos essenciais do conteúdo. Quanto ao desenvolvimento, pode ser assessorado por equipes: de animação, de espiritualidade, de organização.

Cursos de capacitação de agentes para a pastoral bíblica

O Serviço de Animação Bíblica (SAB) oferece cursos de capacitação de agentes que desejam colaborar na formação bíblica em suas comunidades, paróquias e dioceses. Os cursos oferecem o aprofundamento dos temas a partir da coleção "Bíblia em comunidade" e a realização de atividades que possibilitem uma análise de conteúdos a partir das diversas linguagens de comunicação, como: vídeo, teatro, métodos de leitura bíblica e outros.

Introdução

Este é o décimo quarto volume da série "Visão global", do projeto "Bíblia em comunidade". Ele trata da expansão do cristianismo por todo o império romano. De Jerusalém, os primeiros cristãos foram para regiões cada vez mais distantes, anunciando o Evangelho. Muitas comunidades formaram-se em cidades importantes do Império e, com o tempo, também as cidades menores receberam a visita dos missionários. Assim, a experiência de fé no Deus Um, feita por Israel e narrada no Primeiro Testamento, torna-se acessível a todos os povos pela releitura que a comunidade cristã fez à luz do Ressuscitado, revelada agora no Segundo Testamento.

Os cinco blocos temáticos do livro convidam você a fazer uma maravilhosa viagem ao lado do apóstolo Paulo, de Barnabé, de Silas e de tantos outros, para conhecer as comunidades formadas por judeus e pagãos e descobrir que a vida cotidiana e a fé que elas viviam geraram os primeiros escritos do Segundo Testamento. Nós o aceitamos como Palavra de Deus.

O primeiro tema, "Diásporas hoje: migrações e exclusão", mostra que os judeus haviam se dispersado pelo império romano, fugindo das muitas invasões e domínios de povos mais fortes sobre a terra de Israel. Fora de sua terra sofriam muitos tipos de marginalização e exclusão, inclusive religiosa. Esse é um fenômeno verificado entre todos os povos, e continua acontecendo hoje, pois muitas pessoas deixam a terra natal e saem em busca de possibilidades mais dignas para suas vidas. Mas nem sempre conseguem. Muitas vezes acabam em uma exclusão muito maior.

"O dom de Deus é para todos" apresenta o aspecto positivo da diáspora: os missionários cristãos anunciavam o Evangelho nas sinagogas espalhadas por todo o Império, mas principalmente os pagãos se abriram à fé em Cristo e formaram comunidades, cuja cultura e o modo de viver trouxeram ao cristianismo novas expressões, distintas do judaísmo.

O terceiro tema narra a coragem dos missionários, que iam sempre mais longe para anunciar o Evangelho, e se intitula "Da Ásia para a

Europa: segunda viagem de Paulo (At 15,36–18,23). O apóstolo Paulo, o maior de todos os evangelizadores, saiu da Ásia e foi para a Europa anunciando a Boa-Nova de Jesus nas cidades mais importantes, como por exemplo Atenas, que era o berço de toda a cultura pagã. Enquanto formava novas comunidades, ele acompanhava e orientava as primeiras que havia deixado para trás por meio de visitas e de cartas, que depois formaram parte do Segundo Testamento.

O quarto tema, "Presença cristã em todo o império", descreve a localização e a vida de outras comunidades que não foram fundadas por Paulo, mas que eram também importantíssimas no cristianismo primitivo, como Alexandria e Roma, mostrando assim que, ainda no primeiro século, a fé cristã já havia chegado a todos os povos do mundo conhecido.

O quinto tema, "Jesus está na história", aborda a comunidade de Marcos na qual se reflete, coleciona-se e se redige as narrativas e os textos significativos sobre o Jesus histórico. O conteúdo do anúncio nas comunidades paulinas, predominantemente pós-pascal, era Jesus, o Cristo ressuscitado, poderoso e glorioso. Sentiu-se, então, a necessidade de recuperar a memória do Jesus histórico, sua vida, seus gestos, suas palavras, com todo sentido da simplicidade e da humildade humanas da encarnação, reconhecendo nessa própria dimensão humana de Jesus um sentido de glória e de eternidade.

A reflexão em grupo ajudará você a iluminar a vida de hoje. Será fácil perceber como nós recebemos a herança de fé e de vida que os cristãos vêm vivendo desde que, por meio de Jesus, todos os povos começaram a compreender a comunicação do Deus da Bíblia.

1º tema
Diásporas hoje: migrações e exclusão

A exclusão verifica-se em todas as sociedades atuais. Ela acontece em diversos níveis — social, econômico, cultural, religioso, familiar, geográfico —, e de formas muitas vezes planejadas dentro da macro e microestrutura social.

Revendo o caminho feito

No estudo anterior ficamos sabendo dos acontecimentos que envolveram a vida de Jesus e a de seus primeiros seguidores desde o começo do seu ministério, no ano 27 E.C. Vimos de perto, também, a vida das primeiras comunidades cristãs da terra de Israel, até o ano 70 E. C. Conhecemos a primeira comunidade que se firmou em Jerusalém, formada pelo grupo de homens e mulheres que tinham acompanhado Jesus desde a Galileia. Após a ressurreição de Jesus, com a pregação dos apóstolos e diáconos, a comunidade cresceu rapidamente, com a adesão de muitos judeus, tanto de Jerusalém quanto de outras regiões da terra de Israel. Muito cedo a adesão dos pagãos aumentou vertiginosamente o número de fiéis e fez as comunidades multiplicarem-se rapidamente pelo território do império romano. Era o ano 30 E.C.

Jerusalém: Igreja-Mãe

No esquema dos Atos dos Apóstolos, Jerusalém tornou-se a Comunidade-Mãe. Era dirigida inicialmente por Pedro e, depois, por Tiago, o "irmão do Senhor" (Gl 1,19). De Jerusalém partiram os primeiros missionários para as outras regiões da terra de Israel: Filipe na Samaria, Pedro na Judeia e na região litorânea. De lá partiram também missionários para as outras nações dominadas pelo império romano.

Percebemos a existência da comunidade de Damasco, na Síria, entre outras, na qual o discípulo Ananias recebeu e batizou Paulo, já convertido (At 9,10.18-20).

Acompanhamos o processo histórico que envolveu a Comunidade-Mãe de Jerusalém, no seu papel de centro espiritual, missionário e coordenador das comunidades até aproximadamente o ano 50. Nos primeiros dez anos de caminhada, a comunidade viveu o grande entusiasmo dos inícios, sobretudo com a adesão sempre crescente dos pagãos, que compensou a pouca aprovação dos judeus. Já nesse período, os cristãos experimentaram a severidade da perseguição dos próprios chefes judeus e dos líderes das sinagogas. Estêvão foi apedrejado no ano 34; Pedro, João e outros apóstolos foram presos e açoitados. Essa intolerância em relação a eles provocou a fuga dos discípulos de Jerusalém, mas isso era um impulso ainda maior para seguir levando a Boa-Nova a outras cidades e regiões da terra de Israel.

As missões

A partir do ano 41, as perseguições se intensificaram. A ingerência dos romanos em Jerusalém, ou dos reis alinhados com a política, seja nomeando, seja destituindo reis e sumos sacerdotes, acarretou consequências diretas sobre a vida da primeira comunidade. No ano 44 o rei Agripa I mandou decapitar Tiago, filho de Zebedeu, e prendeu Pedro, com a intenção de matá-lo também. Em 62 foi a vez de Tiago, o "irmão do Senhor", líder da Igreja de Jerusalém, ser apedrejado a mando do sumo sacerdote Anã.

Além da perseguição dos chefes judeus, os cristãos da terra de Israel sofreram também, já desde aquele período, a perseguição por parte dos romanos, que tentavam sufocar as constantes rebeliões na região da terra de Israel, pois não havia distinção nítida entre cristãos e judeus naquela época. Mas essas perseguições acabaram contribuindo para espalhar a experiência das comunidades pelas diversas regiões do império romano. Os que foram dispersos formaram comunidades em toda parte, seja na terra de Israel, seja fora dela, para além das fronteiras de Israel.

Sacudindo o jugo romano

No final do estudo anterior, acompanhamos a breve autonomia política de Jerusalém, conquistada por meio da rebelião de João de Gíscala e de seus sicários, juntamente com os idumeus. Com eles, algumas fortalezas estratégicas como o Maqueronte, o Herodion e Massada foram conquistadas e se tornaram os últimos redutos de resistência às legiões do exército romano, as quais queriam dominar novamente a região. No ano 70, Simão Bargiora e seus sicários não conseguiram resistir ao general Tito, filho do então imperador Vespasiano. Com um exército de 24 mil homens, Tito tomou Jerusalém e destruiu o Templo. Foi o fim da revolta que tentou implantar, em Jerusalém, uma nação independente do império romano. Foi também o fim da liderança da comunidade de Jerusalém sobre as demais comunidades, liderança que já vinha perdendo desde o início da década de 60.

Visão Global 14

A partir do ano 70, definitivamente, a Comunidade-Mãe conheceu seu ocaso como centro coordenador, congregador e difusor da fé cristã. Em contrapartida, Jerusalém ganhou o *status* de símbolo da utopia cristã de uma Cidade Santa, onde a comunhão entre Deus e o seu povo irá se realizar no fim dos tempos, na Nova Jerusalém (Ap 21,1-2).

A diáspora cristã

No presente estudo, vamos retomar esse mesmo período de tempo, entre 30 e 70 E.C., mas olhando agora para as comunidades da diáspora, isto é, as de fora da terra de Israel. Não é difícil deduzir que, desde a década de 30, surgiram comunidades de discípulos em outras regiões do império romano. Conhecemos os casos de Damasco e Antioquia, na Síria, cuja fundação se deu ainda na segunda metade daquela década. Sabemos, também, da existência de cristãos na Fenícia (Líbano) e em Chipre nessa mesma época (At 11,19-20). O conjunto dessas comunidades é designado por "diáspora cristã". Ela nasceu da diáspora judaica, mas se ampliou muito mais que esta com a entrada dos pagãos. O presente estudo parte, portanto, de uma reflexão sobre a própria diáspora judaica, pois foi esta que permitiu às primeiras comunidades cristãs espalharem-se rapidamente pelo vasto território do império romano.

O berço do Segundo Testamento

Seguindo a linha do tempo, abordaremos as comunidades de que temos notícia no Segundo Testamento. Tentaremos trazer à tona algumas características próprias daquelas que se destacam no cenário do primeiro século do cristianismo. Veremos, sempre que possível, suas origens, seus fundadores, os conflitos que as marcaram e as implicações políticas resultantes da existência dessas comunidades no meio social do império romano.

A importância deste percurso histórico, para o nosso estudo bíblico, está no fato de que, praticamente, todos os escritos do Segundo Testamento surgiram nas comunidades da diáspora. A única exceção, talvez, seja a carta de Tiago, que teria sido escrita, segundo alguns, na terra de Israel. Sendo assim, tendo em vista que antes do ano 70 E.C. surgiram o evangelho de Marcos e as cartas autênticas de Paulo, só isto bastaria para termos uma ideia da vitalidade, da originalidade e da consciência de um novo tempo que as comunidades da diáspora cultivaram. Vamos situar o contexto das comunidades para as quais esses escritos se dirigiram, a partir das problemáticas abordadas por eles.

Diáspora, saudade da terra-mãe!

Ao se falar em "diáspora" é necessário delimitar bem o campo que pretendemos abranger com esse termo.[1] O conceito de diáspora no âmbito bíblico envolve, em primeiro lugar, um sentido geográfico: compreendia os judeus que viviam fora da terra de Israel, desde as primeiras deportações do antigo reino de Israel, no norte, por volta de 718 a.E.C., e, sobretudo, a partir das deportações do reino de Judá, no Sul, em 597 e 586 a.E.C. (2Rs 24,8-17). Nos séculos seguintes, em que a terra de Israel foi sempre dominada por um povo estrangeiro, o fenômeno das contínuas migrações de judeus para outras terras continuou aumentando o número dos que prefeririam viver fora da terra de Israel, devido aos constantes conflitos na região. No século I da era cristã, os judeus estavam presentes em quase todas as cidades de grande e médio porte do império romano.

Em segundo lugar, a diáspora envolve um sentido cultural: os judeus expatriados foram se desenraizando de sua língua materna, o hebraico, e adotando a língua do lugar onde viviam: o aramaico e, mais tarde, o grego. A língua hebraica acabou ficando restrita às leituras do texto sagrado nas sinagogas da terra de Israel.

Em terceiro lugar, a diáspora envolve, também, um sentido social: aqueles judeus tinham um jeito próprio de viver e uma mentalidade diferente dos que viviam inseridos no meio social da terra de Israel. Possuíam outros princípios sociais e religiosos, que regiam suas relações. Reuniam-se, aos sábados, nas sinagogas para o culto e a pregação bíblica e para tratar dos assuntos da comunidade.

Vamos aprofundar as implicações desses três sentidos na vida das comunidades judaicas da diáspora, para depois aplicá-los aos tempos modernos. Só então podemos nos debruçar sobre as comunidades cristãs da diáspora, num esforço de compreensão do movimento que se criou com a expansão do cristianismo para fora da terra de Israel.

O judaísmo da periferia

Do ponto de vista da prática da religião judaica, as comunidades da

---

[1] "Diáspora" significa dispersão. Refere-se aos israelitas fora da sua terra, dispersos entre as nações (cf Lv 26,33).

diáspora necessariamente se organizavam de outro modo em comparação com os judeus que viviam na terra de Israel. A proximidade destes últimos a Jerusalém favorecia uma relação muito mais íntima com o Templo, com os sacrifícios, dízimos e ofertas diversas, previstos na Torá. Para os judeus da diáspora, essa relação reduzia-se, com certeza, à peregrinação anual para a festa da Páscoa. Mesmo assim, não podemos acreditar que todos os judeus, em números absolutos, fossem a Jerusalém todos os anos. Os mais dedicados iam anualmente a Jerusalém para as festas da Páscoa e de Pentecostes, quando seus recursos o permitiam.

Ser um judeu da diáspora poderia ser só uma questão de ter de investir mais tempo e recursos nas obrigatórias idas a Jerusalém. Na verdade, porém, de modo mais complexo, significava uma compreensão da própria religião a partir de perspectivas diferentes. Em outras palavras, diversas práticas religiosas consideradas fundamentais para quem vivia na terra de Israel não tinham a mesma importância para quem vivia em Damasco, em Roma ou em Alexandria. Como os judeus da diáspora encaravam, por exemplo, a questão dos sacrifícios de expiação ou de ação de graças? Certamente não pensavam o mesmo que os fariseus de Jerusalém, que podiam a qualquer hora ir ao Templo e se purificar, oferecendo o sacrifício prescrito pela Lei. Estes podiam fazer suas ofertas votivas e ufanar-se diante de Deus, no Templo, de cumprir todas as obrigações legais.[2]

Um judaísmo mais livre

Outro exemplo, que ajuda a esclarecer a diferença de comportamento entre o judaísmo da terra de Israel e o da diáspora, é a questão da pureza. Para quem vivia na diáspora, o contato com pessoas e objetos pagãos era inevitável. Podemos supor que aí não imperava aquele rigor dos fariseus da terra de Israel, que se purificavam cada vez que vinham do mercado (Mc 7,3-4).

A esse respeito, podemos citar o caso de Saulo de Tarso. Ele era um judeu da diáspora.[3] Ainda jovem, foi para Jerusalém a fim de estudar na escola do rabino Gamaliel (At 22,3). Seu zelo pela observância rigorosa da Lei, a ponto de perseguir os cristãos, considerados por

---

[2] Cf. a parábola do fariseu e do publicano em Lc 18,11-12.

[3] Tarso ou Tarsus, onde Paulo nasceu, fica na antiga região da Cilícia, atual Turquia.

ele "judeus infiéis" (At 22,3-5), demonstra o quanto a linha nacionalista do judaísmo era mais intolerante do que a da diáspora. Sua ida para Jerusalém não se justificaria se aí o ardoroso Saulo não encontrasse o que ele poderia chamar de "o verdadeiro e puro judaísmo". Podemos acrescentar a isto o fato de que os judeus que queriam impor aos pagãos convertidos a obediência restrita da Lei eram sempre "vindos da Judeia" (At 15,1-2).[4]

Não deve ser difícil acreditar, portanto, que os judeus da diáspora viviam uma religião menos rigorosa, mais aberta e flexível do que os seus irmãos israelitas. Daí surge a convicção de que o judaísmo da diáspora seria visto com certa desconfiança pelo judaísmo israelita, como se este fosse mais puro, mais ortodoxo ou mais autêntico. De todo modo, este seria o judaísmo "oficial", enquanto na diáspora se vivia um judaísmo "periférico". Há aí, portanto, um critério de valor embutido, em prejuízo daqueles que são "os de fora".

Migrações: diáspora geográfica

Podemos transpor para a atualidade as três categorias de sentido do conceito de diáspora. Do ponto de vista geográfico, temos o fenômeno das migrações. Trata-se de um fenômeno mundial: quase todos os países do mundo recebem fluxos, maiores ou menores, de pessoas que deixam sua terra e vão à busca de trabalho, de sobrevivência ou simplesmente de segurança, quando o seu país de origem está em guerra. É também um fenômeno de todas as épocas, desde as origens da raça humana. Os continentes hoje só são povoados porque alguns grupos humanos, há mais de cem mil anos, começaram a migrar da África, onde se originou a humanidade, para viver em outras partes. Eles são os antepassados pré-históricos dos povos indígenas, que viviam nesses continentes. Essa ocupação global foi uma atividade que levou pelo menos 50 mil anos.

O fenômeno das migrações nos faz olhar mais especificamente para o Brasil: levas e levas de brasileiros vivem, hoje, fora do lugar onde nasceram e cresceram. Deixando de lado os que migraram para os Estados Unidos ou para diversos países da Europa, vamos refletir apenas sobre as migrações internas. Elas acontecem, numa linha sempre crescente, da roça para as

---

[4] Cf. At 11,1-2; 15,5.24; Gl 2,12.

Visão Global 14

cidades, do interior para a capital, de um estado para outro, de uma região mais pobre para outra mais desenvolvida ou para onde se está abrindo novas frentes de trabalho.

Os estrangeiros são sempre excluídos

A diáspora geográfica gera uma série de situações nem sempre fáceis para quem vive fora de seu "chão". Além de todas as penúrias físicas como fome, sede, frio e risco de morte, os migrantes enfrentam ainda o desenraizamento, o choque cultural com a nova realidade, a carência afetiva pela ausência ou dificuldade de contato com os que ficaram, as incertezas quanto ao futuro, a instabilidade, a insegurança e o medo quando não se encontra "legalizado" num país estrangeiro e muito mais. Na maioria dos casos, passa-se mais de uma geração para que as coisas se normalizem e a família consiga se estabelecer bem no novo ambiente. Em todos os casos, os que vivem essa diáspora geográfica sempre incomodam os "do lugar". São tratados com indiferença ou com inferioridade, quando não enxotados de um lado para o outro, até que ninguém se incomode mais com eles. No trabalho são explorados, na vida social e cultural são excluídos. Basta pensar no

que passaram os nordestinos que migraram para o Rio e para São Paulo, em busca de melhores condições de vida, ou os lavradores que deixaram o campo para tentar a sorte na capital.

Menção especial merecem aqui os povos indígenas, estes sim condenados a ser estrangeiros na própria terra. Nos dados oficiais, nos livros de geografia, eles nem figuram como etnias diversas. São simplesmente "os índios". Suas diferentes línguas e dialetos não são considerados quando se ensina a geografia do país nas escolas, salvo raríssimas exceções. Sua cultura, quando abordada, é reduzida aos aspectos folclóricos e tratada como inferior à cultura "civilizada" dos brancos. Semelhante situação acontece também com os descendentes dos povos negros. Arrancados da terra-mãe África, os antepassados dos povos negros viveram uma diáspora forçada e nunca totalmente assimilada pela cultura branca, com a qual se mesclaram. Seus descendentes, a população negra de hoje, ainda vive a segregação em vários níveis: no trabalho, na política, na educação e na qualidade de vida.

A diáspora da exclusão cultural

Do ponto de vista cultural, a diáspora ainda hoje se manifesta de múltiplas formas. Começa pelo analfabetismo, que priva milhões de brasileiros do conhecimento e das oportunidades de trabalho e de desfrutar dos bens da sociedade moderna. Continua na discriminação das culturas indígenas e negras, vistas como inferiores. Mas passa também pela má qualidade da educação, que produz "meios cidadãos", os mais ou menos qualificados para mão de obra barata. Eles são excluídos das oportunidades de consumo que o mundo moderno cria e recria constantemente, visto que não têm condições financeiras de consumir tudo o que a mídia lhes apresenta como necessário para "estarem bem". O padrão de bem-estar da sociedade de consumo se apresenta como algo inatingível para essa categoria de pessoas, o que reforça, ainda mais, os muros da exclusão social: definitivamente, quem não adota esse padrão não está somente "fora" do mundo, mas exatamente num lugar abaixo, o submundo.

Consequências políticas da exclusão

No contexto da exclusão cultural situa-se, também, a exclusão da cultura política da maioria do povo brasileiro. Nós não temos memória política, desconhecemos nosso passado histórico, não conseguimos resgatar nem mesmo as implicações políticas dos movimentos libertários de nossa história, celebrados em algumas datas importantes. Muitos comemoram, por exemplo, o dia 13 de maio como dia da "libertação dos escravos", mas desconhecem o dia 20 de novembro como dia da morte de Zumbi, líder negro do Quilombo dos Palmares.[5] Poucos sabem que nos quilombos vivia-se na prática a verdadeira liberdade dos negros, junto a outros que não tinham vez na sociedade colonial e escravista da época, como os índios fugidos dos aldeamentos e os mestiços.

Apesar dos avanços inegáveis da participação popular no processo de construção política do País, por meio dos movimentos populares, das greves e protestos, da militância nos partidos políticos, a maioria do nosso povo ainda vive hoje uma espécie de indiferença política. A consciência política de muitos ainda é estritamente voltada para as épocas de eleições. Essa grande parcela do povo se torna, inevitavelmente, massa de manobra nas mãos dos "politiqueiros", aqueles que compram o voto dos empobrecidos

---

[5] Treze de maio é a data da assinatura da lei que aboliu a escravatura no Brasil.

Visão Global 14

por uma migalha de favor ou doação.[6] Aqueles que enganam o povo com as mesmas falsas promessas de sempre. Não é difícil perceber que a maioria dos brasileiros está "de fora" e "por fora" do processo político. Até nem gostamos de falar sobre política...

Diáspora social: os excluídos da sociedade

Finalmente, do ponto de vista social, chegamos à consequência lógica das exclusões anteriores: quem já era excluído da terra e da cultura só poderia se tornar excluído da sociedade. A diáspora social é a realidade daqueles milhões de brasileiros que não têm acesso nem aos bens básicos necessários para uma vida digna, nem muito menos aos bens de consumo produzidos pela modernidade. Falamos também em bens de conhecimento. Na era da informática, quantos efetivamente podem adquirir um computador de última geração e navegar na Internet? Existem milhões de brasileiros que nem sequer têm energia elétrica em casa. Ou se a têm, jamais poderão comprar uma geladeira ou uma televisão. Dá para identificar essas pessoas que vivem na diáspora social: são os pobres,

especialmente os miseráveis, ou seja, aqueles cuja pobreza está abaixo do nível considerado digno para um ser humano. No Brasil estão nesta categoria mais de 25 milhões de pessoas, e a maioria é negra.

Eles são excluídos também da vida social, no sentido estrito: não frequentam muito os cinemas, teatros, museus, parques e lugares afins, porque aí se gasta dinheiro. E dinheiro eles não têm. Não fazem turismo, a não ser algum passeio eventual na casa de parentes ou uma romaria a algum santuário famoso, talvez uma vez ao ano. Compõem essa multidão os analfabetos, os sem-terra, os sem-teto, os boias-frias, os mendigos, os favelados, os menores de rua, os aposentados, os desempregados, os subempregados, os assalariados mal remunerados.

Cristianismo e exclusão

É em meio a essa massa de gente excluída que o cristianismo floresceu de um modo especial, tanto ontem quanto hoje. Que força é essa que leva tanta gente a buscar na religião o alívio para seus males, a solução para seus problemas, a esperança para continuar levando a vida? Seria a religião uma

---

[6] A Lei n. 9.840 é contra os abusos da "política". Veja os textos produzidos pela Comissão Brasileira de Justiça e Paz da CNBB: "Lei 9.840 – Passo a passo pela ética na política" (líderes) e "De novo na luta, desta vez vamos mais fundo!" (povo), São Paulo, Paulinas, 2002.

Diásporas hoje: migrações e exclusão

"válvula de escape" para as tensões de um povo sempre oprimido de todos os lados? Muitas vezes, impossibilitado de conseguir a satisfação de suas necessidades primárias pelas vias de seu próprio esforço, da organização social, do Estado ou de outras instâncias humanas, o pobre espera de Deus essa satisfação.

Sem considerar os "mercenários" de ocasião, que manipulam com fins nem sempre divinos essa busca interior do povo empobrecido e oprimido, a religião tem conseguido ser, em alguns casos, o único canal de expressão da verdadeira aspiração do povo à vida e à liberdade, ao bem-estar e à felicidade, enfim, à dignidade humana. Nesse sentido, o judaísmo e o cristianismo têm um potencial libertador jamais visto em outras religiões. De modo particular, a proposta de Jesus Cristo, consignada no Evangelho, é um projeto de construção da vida que revoluciona todos os conceitos já pensados nessa busca de respostas para as grandes questões da existência. Em Jesus Cristo, Deus disse tudo o que tinha a dizer à humanidade. E o disse bem alto e claro, com todas as letras!

A força do Evangelho

Que outra coisa além da força libertadora de Cristo teria conquistado, de modo tão surpreendente, aquelas multidões de judeus e gregos, de escravos e livres, de homens e mulheres? Isto é bem mais verdadeiro para as comunidades da diáspora judaica, que construíram a base para a diáspora cristã. A própria condição de "diáspora", com as consequências de exclusão que acabamos de analisar, foi o terreno fértil para a proliferação da semente do Evangelho. A mensagem cristã vinha ao encontro das aspirações mais profundas de libertação desses povos.

Foram sobretudo os pagãos ou gentios que se alegraram quando se sentiram destinatários dessa mensagem libertadora (cf. At 13,48; 15,30-31). Isto explica o rápido surgimento e crescimento de inúmeras comunidades cristãs pelo vasto território do império romano, enquanto a primeira comunidade de Jerusalém tendia sempre mais para a perda da sua influência e importância futuras. Seria a Igreja de Roma, para onde se dirigiram, em tempos distintos, os apóstolos Pedro e Paulo, que se firmaria como a principal de todas as Igrejas cristãs, exercendo o papel de centro espiritual, missionário e coordenador das comunidades.

Roteiro para o estudo do tema

1. Oração inicial
Conforme a criatividade do grupo.

2. Mutirão da memória
Compor a síntese do conteúdo já lido por todos no subsídio. Caso as pessoas não tenham o subsídio, ficará a cargo do(a) líder expor a síntese.

Recurso visual
Fotografias de parentes ou pessoas queridas que vivem longe. Cada um apresenta suas fotos e fala brevemente sobre a vida daquela pessoa:

- Por que ela foi morar em outro lugar; se ela encontrou o que buscava; se ela volta algumas vezes à terra onde nasceu?
- Quem não possui fotografias pode, do mesmo modo, falar de pessoas queridas que estão longe.

3. Partilha afetiva
Em pequenos grupos ou no plenário, dialogar:

- Todos nós nascemos aqui? De onde viemos? Por que deixamos nossa terra natal?
- Alguma vez nos sentimos marginalizados por causa de nossa cultura, costumes, religião...?
- Onde encontramos força e coragem para superar as dificuldades de viver em um lugar estranho?

4. Sintonia com a Bíblia
Ler At 11,19-25.
Os cristãos são perseguidos e desprezados. Saem, então, de Jerusalém e vão para outras cidades. Por onde passam, formam novas comunidades, unindo judeus e gentios na mesma fé.

Diálogo de síntese
- É possível formar, na comunidade cristã, uma verdadeira família?
- Como precisa ser a comunidade para que as pessoas que vivem longe de sua terra natal se sintam em casa?

Lembrete: para a próxima reunião, trazer pequenos papéis e canetas ou pincéis atômicos para escrever.

2º tema
O dom de Deus é para todos

No livro de Atos dos Apóstolos aparece, desde o início, a abertura da comunidade cristã aos não cristãos, mesmo que esta abertura trouxesse algumas dificuldades no modo de compreender e viver a fé em Jesus.

Comunidades cristãs da diáspora

O cristianismo nasceu do ventre judaico e se nutriu, nos primeiros anos, do leite materno do judaísmo. Os primeiros missionários cristãos, todos judeus, dirigiram-se sempre aos seus correligionários utilizando como local de pregação as duas instituições que sustentavam o judaísmo: o Templo, em Jerusalém, e as sinagogas, nas outras localidades. Estas últimas tinham fundamental importância para o judaísmo da diáspora, pois era em torno das sinagogas que girava a vida política e religiosa dos judeus, exceção feita a Jerusalém e arredores, que tinham no Templo seu pivô político e religioso. Apesar disso, em Jerusalém também existiam sinagogas, inclusive para os judeus de língua grega, de origem não israelita (At 6,9).

Um novo público-alvo

Os primeiros missionários cristãos começaram seu trabalho evangelizador nas sinagogas judaicas, tanto na terra de Israel quanto na diáspora (At 9,20; 11,19; 13,5.14). Parece, porém, que a estratégia não rendeu muitas conversões (At 13,42.45-46). Isto obrigou os missionários a se dirigirem a outro público, que desde o início demonstrou mais interesse pela pregação apostólica: os "tementes a Deus", de origem pagã, mas simpatizantes do judaísmo. Eles também frequentavam as sinagogas e conheciam alguma coisa de Moisés e dos Profetas (At 13,43), mas não eram ainda convertidos ao judaísmo. Em alguns textos são simplesmente designados como "gregos" (At 11,20; 17,4; 18,4; 19,10). Os pagãos convertidos eram chamados de prosélitos. Estes adotavam todas as práticas mosaicas, como os demais judeus (At 2,11).[1]

Na diáspora judaica, os tementes a Deus que se convertiam ao cristianismo eram em maior número que os judeus. Este foi o trampolim

---

[1] Os prosélitos são aqueles que, não sendo judeus de origem, abraçam a religião judaica e aceitam a circuncisão, tornando-se assim membros do povo eleito (ver ainda At 6,5; 13,43; Mt 23,15). Não confundir com os "Tementes a Deus" (At 10, 2), que simpatizavam com o judaísmo e frequentavam as sinagogas, mas não chegavam até à circuncisão e a prática ritual da Lei (cf. na Bíblia de Jerusalém nota a At 2,11).

para que os evangelizadores se orientassem definitivamente para os pagãos, deixando sempre mais de lado a tentativa de converter os judeus, formando assim as comunidades cristãs fora da terra de Israel.

Raízes escondidas

Entre as comunidades da diáspora cristã encontram-se: Damasco, Antioquia da Síria, Éfeso, Roma, Corinto, Chipre e tantas outras cidades. As origens de muitas dessas comunidades nos são totalmente desconhecidas. Quem teria fundado e dirigido, por exemplo, a comunidade de Damasco, para onde Paulo se dirigiu a fim de prender cristãos? A comunidade de Roma, para quem Paulo escreveu uma epístola, por volta dos anos 57/58, e onde ele ainda não tinha ido, já tinha boa fama nessa época (Rm 1,8-15). Como e quando teria surgido essa comunidade? Quem a teria fundado? O Segundo Testamento não fornece informações a respeito. Mas podemos conhecer um pouco da realidade de algumas comunidades que se destacam no final do primeiro século confrontando os Atos dos Apóstolos com as cartas de Paulo, mesmo que a preocupação destes escritos não seja apresentar a história segundo a nossa compreensão, mas fazer uma teologia da história.

"Visitaremos" cada comunidade da diáspora na ordem em que Paulo, o maior fundador de comunidades do primeiro século cristão, foi tomando contato com elas, independentemente de ter sido ele o fundador dessas comunidades cristãs, ou não. O percurso de suas quatro viagens missionárias nos permite conhecer, praticamente, quase todas as comunidades cristãs da diáspora existentes no período entre 30 e 70 E.C.

Na Síria: entusiasmo e ousadia (At 9–12)

Damasco

Origens

Esta cidade, capital da Síria, tem uma história de muitos séculos de contato com Israel, desde os tempos de Salomão (1Rs 11,23-25). Umas vezes como adversária, outras vezes neutra e outras ainda como aliada, Damasco manteve sempre algum grau de relação política e econômica com o reino vizinho Israel. É possível que a presença de uma comunidade judaica na cidade remonte aos fins do século VIII a.E.C. Naquela ocasião, os assírios conquistaram o reino de Israel, no Norte, e deportaram a população local para diversos lugares. Também a Síria tinha sido submetida pelos assírios, de modo que

Visão Global 14

Damasco, com certeza, recebeu uma parte dos deportados israelitas. Estes poderão ter formado a comunidade judaica local, de cuja existência fala-se nos Atos dos Apóstolos. Deveria ser uma grande comunidade, já que os Atos falam de diversas sinagogas na cidade (At 9,2.20.23).

No período romano, alguns legados, que tinham em Damasco sua sede, influenciaram fortemente a política da terra de Israel (cf. Lc 2,2). Alguns deles até chegaram a intervir militarmente, a fim de defender os interesses do Império na região. Esse é o caso de Sósio — que ajudou Herodes Magno a conquistar Jerusalém, expulsando os partos, em 37 a.E.C. — e de Vitélio, que destituiu Pilatos e nomeou dois sumos sacerdotes entre 36 e 37 E.C.

Importância para o cristianismo

Para o cristianismo, Damasco ganhou importância pelo fato de ter sido o lugar do chamado de Saulo, o fervoroso judeu de Tarso que se tornou, depois, o mais entusiasmado evangelizador e fundador de comunidades na diáspora: Paulo. Quando o então fariseu Saulo se dirigiu a Damasco, com autorização do Sinédrio de Jerusalém para prender os judeus convertidos ao cristianismo, por volta do ano 36[2] E.C., já existiam discípulos nessa cidade (At 9,19.25). Mas os Atos não dão maiores informações sobre a comunidade de Damasco. Ninguém sabe quem a formou nem quando se originou, mas presume-se que tenha sido no início da expansão da fé cristã para fora de Jerusalém, após a morte de Estêvão, por volta do ano 34 (At 8,4; 11,19).

Damasco é também importante para o cristianismo por ser o lugar onde Saulo foi batizado e confirmado pela imposição das mãos de Ananias, um discípulo dessa comunidade (At 9,10-18).

A comunidade damascena: do judaísmo ao ressuscitado

Ananias é o único discípulo da comunidade cujo nome é citado nos Atos. Ele é definido, num discurso do próprio Paulo em At 22,12, como um "homem piedoso segundo a Lei, de quem davam bom testemunho todos os judeus da cidade". Vemos que a comunidade cristã de Damasco era constituída por judeu-cristãos, nessa época. Nos outros textos do Segundo Testamento em que a comunidade de Damasco é citada, encontramos sempre a mesma

---

[2] Cf. na Bíblia de Jerusalém nota a At 9,1.

referência à vocação de Paulo (cf. Gl 1,17 e 2Cor 11,32).

Nada mais sabemos sobre a vida comunitária dos discípulos em Damasco. Podemos apenas deduzir que no ano 36 E.C. essa comunidade já estava bem adiantada e detinha uma expressiva importância na época. Isto é confirmado pelo fato de Paulo ter achado necessário ir a Damasco, com cartas do sumo sacerdote, para prender os cristãos que lá encontrasse. Ele não teria ido tão longe se a presença de cristãos não fosse considerável.

Primeiros insucessos de Paulo

Após seu chamado, Paulo logo começou a pregar nas sinagogas de Damasco, mas não consta que tenha tido sucesso. Pelo contrário, os judeus tramaram matá-lo. Por isso, ele teve de fugir auxiliado pelos discípulos, que o fizeram descer pela muralha da cidade, à noite, oculto num cesto (At 9,20-25). Este episódio, porém, parece ter ocorrido após algum tempo, talvez depois dos três anos a que o próprio Paulo se refere em Gl 1,18. Nesse tempo, ele esteve pregando em Damasco e também na Arábia, talvez fugindo da perseguição de Aretas, rei da Nabateia. Este rei tinha mandado um funcionário vigiar a cidade com o intuito de prender Paulo (2Cor 11,32). Tudo indica que, depois disso, Paulo regressou a Damasco, para só então daí subir a Jerusalém.

Não sabemos se Damasco se tornou depois um centro missionário, como mais tarde foi Antioquia, também na Síria. O silêncio dos Atos a este respeito faz concluir que a comunidade damascena não exerceu muita influência no contexto da expansão da Igreja para fora da terra de Israel. Seu grande mérito continua sendo, entretanto, o de ter sido o berço no qual nasceu, pelo batismo, o "apóstolo dos gentios". Seria mera coincidência o fato de que isto tenha acontecido exatamente numa comunidade da diáspora?

Antioquia da Síria

Centro de fé e missão

A cidade de Antioquia situa-se às margens do rio Orontes, próximo à costa mediterrânea, ao norte do atual Líbano.[3] Era a capital da província romana da Síria e a terceira cidade mais importante do Império, depois de Roma e de Alexandria, no Egito. A comunidade que aí nasceu

---

[3] Existia outra cidade com o mesmo nome de Antioquia, na região da Pisídia, atual Turquia.

e cresceu tornou-se, também, um importante centro difusor da fé cristã, além de Jerusalém.

Conhecemos melhor as circunstâncias da fundação da comunidade cristã de Antioquia, narrada pelos Atos dos Apóstolos (At 11,19-21): logo após o martírio de Estêvão (34), que desencadeou uma primeira perseguição aos discípulos, alguns destes foram para a ilha de Chipre, no Mediterrâneo. Outros foram para a Fenícia (atual Líbano) e outros chegaram até Antioquia, mais ao norte, no território sírio. Entre estes últimos estavam alguns judeu-cristãos originários da ilha de Chipre e também de Cirene, cidade do norte da África, na atual Líbia. Provavelmente, viviam na terra de Israel já há algum tempo, e aí se converteram ao cristianismo.[4] A fundação da Igreja de Antioquia deve ter se dado entre os anos 35 e 38 E.C.

Abertura aos gentios

Os primeiros evangelizadores que partiram de Jerusalém dirigiam-se, de preferência, aos judeus, nos diversos lugares por onde pregavam, encontrando-os sempre aos sábados nas sinagogas. Mas os evangelizadores que foram para Antioquia começaram a se reportar também aos gregos, isto é, aos gentios ou pagãos. Não se trata aqui dos "tementes a Deus" nem dos prosélitos, pois estes se encontravam também nas sinagogas dos judeus. O termo "gregos" contraposto a "judeus" designa os incircuncisos de modo geral. Eles não frequentavam as sinagogas.

Isto representa não só uma mudança de destinatários. Muda-se, também, o local da pregação: a praça pública e as residências. Esta opção dos discípulos pela pregação aos pagãos abriu o caminho da Igreja também para a mudança de lugar social: a evangelização deixou o espaço limitado das sinagogas para ganhar a liberdade das praças e a intimidade das casas dos pagãos (At 11,20-21; 17,17). Mais profundamente, a estratégia demonstra também uma mudança de mentalidade, uma nova compreensão da própria salvação em Cristo: ele veio salvar a todos, na condição em que se encontram, e não só aos judeus na qualidade de "povo eleito". Tal prática foi um sucesso total: "um

---

[4] A presença de cireneus residentes na terra de Israel é comprovada pelo detalhe de Mc 15,21: Simão Cireneu voltava do campo "quando foi obrigado a carregar a cruz de Jesus". Ele não era apenas um peregrino, mas um trabalhador, que provavelmente morava na cidade e trabalhava no campo, como empregado de algum proprietário de terra. O mesmo se diga de Barnabé, que era de Chipre e tinha uma propriedade, embora o texto não deixe claro onde esse campo estava localizado, mas tudo indica que era na Judeia, onde morava (At 4,36-37).

grande número [de pagãos], abraçando a fé, converteu-se ao Senhor" (At 11,21).

Opção pelos "de fora"

A notícia do sucesso da evangelização em Antioquia chegou à Igreja-Mãe de Jerusalém, que, nessa época, ainda exercia o papel de centro de unidade cristã. Então, os apóstolos de Jerusalém enviaram Barnabé a Antioquia para estabelecer o vínculo de comunhão da Igreja nascente com a Igreja dos Apóstolos. A chegada de Barnabé, um judeu de origem da diáspora judaica (Chipre), como representante dos Apóstolos, trouxe ainda mais ânimo ao trabalho em Antioquia. Assim, uma "considerável multidão agregou-se ao Senhor" (At 11,22-24).

Mas a pregação direcionada aos pagãos, iniciada em Antioquia, ainda levaria um tempo para se tornar prática comum (At 13,14; 14,1; 16,13). Evidentemente, os pregadores encontraram resistência por parte dos judeus e de outras pessoas influentes das cidades. Tomemos como exemplo o caso da inveja dos judeus em Antioquia da Pisídia (At 13,45.50) e em Icônio (At 14,2.4-5). Estes fatos serviram de motivo para que os evangelizadores se dirigissem cada vez mais aos pagãos. Temos em Antioquia da Pisídia a declaração mais explícita dessa mudança de destinatário (cf. At 13,46-47). Tudo isso fez da Igreja de Antioquia da Síria a primeira a levar mais a sério uma evangelização voltada para a inclusão daqueles que antes eram considerados forasteiros no povo de Deus: os pagãos.

Uma nova identidade: cristãos

Além da abertura aos pagãos, a comunidade antioquena traz outras marcas importantes, que acompanham definitivamente a Igreja cristã. Uma delas é o fato de que aí, pela primeira vez, os discípulos passaram a ser chamados "cristãos" (At 11,26c), nome que atravessou os dois milênios de história do cristianismo. Esse nome põe em destaque a clareza da diferença entre o "ser cristão" e o "ser judeu", diferença que encontrou em Antioquia a sua origem, já que a comunidade nasceu da conversão de inúmeros pagãos.

Paulo faz sua a comunidade antioquena

De Antioquia, Barnabé foi a Tarso à procura de Paulo, a fim de trazê-lo para a recém-fundada comunidade. Sabemos que Paulo tinha ido para Tarso, sua cidade natal, após ter sido ameaçado de morte em Jerusalém, quando a

Visão Global 14

visitou pela primeira vez depois do chamado (At 9,29-30). Sabemos também que essa ida de Paulo a Jerusalém deu-se, ao que parece, entre um ano e meio e três anos depois do seu encontro com Jesus no caminho de Damasco.[5] Se o chamado de Paulo ocorreu por volta do ano 36, a ida para Antioquia com Barnabé deve ter sido entre os anos 37 e 39 E.C. Paulo fez sua a comunidade de Antioquia, pois identificou-se plenamente com a linha aberta aos pagãos. Para lá se dirigia após cada etapa de missão realizada e lá convivia com os discípulos (At 14,26-28; 18,22). Paulo foi também "adotado" pela comunidade, e escolhido para ir a Jerusalém representá-la (At 11,30; 15,2). Podemos afirmar que Paulo bebeu na fonte de Antioquia sua abertura e incansável dedicação aos pagãos, no seu ministério pelas comunidades cristãs da diáspora.

Conflitos

A abertura para os pagãos e a flexibilidade dos antioquenos para com a cultura grega não demorariam a encontrar quem lhes fosse contrário. Os problemas começaram com a chegada em Antioquia de alguns judeu-cristãos de origem israelita, especialmente da Judeia, os quais defendiam a linha judaizante. Na opinião destes, era necessário que os pagãos passassem pelos mesmos ritos previstos na Lei de Moisés, sobretudo a circuncisão, tornando-se assim membros do povo eleito, para então receberem a salvação. Em outras palavras, os pagãos deveriam tornar-se primeiro judeus para depois ser cristãos. A polêmica foi tão séria que a comunidade decidiu enviar Barnabé, Paulo e alguns outros a Jerusalém para tratar do assunto, na Assembleia de Jerusalém (cf. o estudo anterior).

Aí, com efeito, o testemunho dos antioquenos sobre a conversão dos pagãos foi um forte argumento, além do testemunho de Pedro, para que a Igreja não impusesse aos discípulos de cultura grega uma roupagem da cultura judaica (At 15,7-12). Isto foi fundamental para a expansão do cristianismo no meio cultural grego. Definia-se, assim, o rosto das comunidades da diáspora numa diversidade de práticas com relação à religiosidade própria da

---

[5] Cf. na Bíblia de Jerusalém nota a Gl 2,1, Paulo teria ficado na Arábia entre um ano e meio e 12 anos e meio, de acordo com a maneira antiga de contar os anos.

O dom de Deus é para todos

cultura judaica, da qual era herdeira a Comunidade-Mãe de Jerusalém.[6]

Solidariedade

A ida dos delegados de Antioquia a Jerusalém serviu, também, para levar um auxílio material organizado pela comunidade para os irmãos da Judeia. Esta é outra marca importante da comunidade de Antioquia: a solidariedade ou, em termos teológicos, a caridade fraterna. De fato, foi em Antioquia que um "profeta" de nome Ágabo, vindo de Jerusalém, previu que "estava para vir uma grande fome sobre toda a terra" (At 11,28-29). Nos anos 49-50 E.C. houve, de fato, uma calamitosa fome, primeiro na Grécia, depois em Roma, no tempo de Cláudio, com reflexos também na terra de Israel. Também essa solicitude dos antioquenos para com os irmãos necessitados da Judeia impregnou-se fortemente em Paulo, que, mais tarde, organizaria outra coleta para os cristãos da Judeia (1Cor 16,1; 2Cor 8,4).

Nas diversas comunidades fundadas, os missionários deixavam um ou mais dirigentes, os "presbíteros" ou anciãos, para continuarem o trabalho no local (At 14,23). De volta a Antioquia, na Síria, depois de algumas dificuldades com os judeus, que os perseguiram em várias cidades, os missionários prestaram contas à comunidade de tudo o que fizeram e dos resultados obtidos (At 14,19-27).

Uma comunidade missionária

Outra marca muito forte da comunidade de Antioquia é a consciência missionária. Toda a comunidade envia Barnabé, Paulo e outros irmãos para anunciarem o evangelho onde ainda não existiam comunidades cristãs (At 13,2-3). De Antioquia saíram as equipes missionárias, por cujo trabalho se formaram diversas comunidades na diáspora. Vale a pena acompanharmos mais de perto essas viagens missionárias.

A partir deste ponto do estudo, quase sempre apresentaremos as comunidades da diáspora cristã à medida que elas foram surgindo no cenário das missões de Paulo. Seguiremos o percurso relatado nos Atos dos Apóstolos. Deixamos para o final as comunidades com as quais o apóstolo não teve contato direto, mas que já existiam nesse período de tempo que estamos estudando (até o ano 70 E.C.).

---

[6] Cf. Gl 2, que traz outra versão sobre as conclusões da Assembleia de Jerusalém.

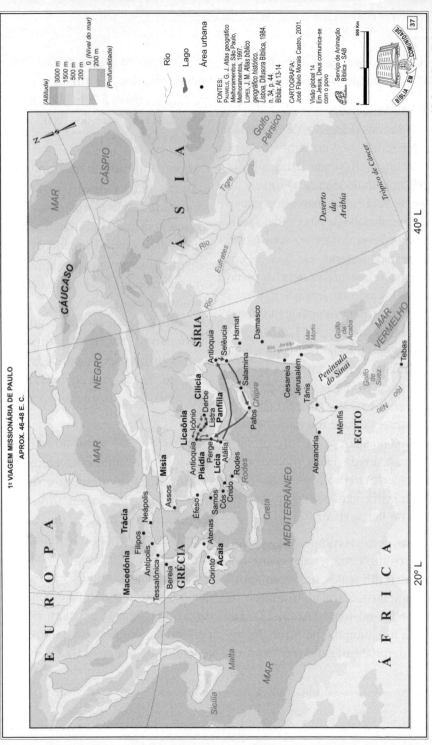

O dom de Deus é para todos

Testando os ânimos: primeira viagem de Paulo (At 13–14)

O primeiro trabalho evangelizador dos missionários de Antioquia atingiu a ilha de Chipre, para onde navegaram, e várias cidades da Ásia, como Perge, Antioquia da Pisídia, Icônio, Listra e Derbe. Eles iam de uma a outra cidade a pé ou, menos provavelmente, no lombo de animais, percorrendo as regiões da Panfília, Pisídia, Frígia e Licaônia. Em Atália, os missionários embarcaram de volta até Selêucia, na Síria, e daí por terra chegaram a Antioquia, de onde tinham partido. Aí, relataram à comunidade as experiências marcadas pela forte oposição dos judeus, e pela sempre crescente acolhida dos pagãos (At 13–14). Vamos conhecer alguns dados sobre essas comunidades (cf. mapa n. 37).

A ilha de Chipre

Vivendo a experiência de Pentecostes

Entre os judeu-cristãos que tinham fundado a Igreja de Antioquia, os Atos citam alguns cipriotas (At 11,20). Mas trata-se, aqui, de judeus originários de Chipre, que se tinham convertido à fé cristã provavelmente em Jerusalém, onde estavam por ocasião de Pentecostes, no ano 30, ou que já viviam como judeus retornados à terra de Israel, talvez por motivo de trabalho. Entre estes últimos estava Barnabé, de origem cipriota e levita de profissão, que tinha uma propriedade na terra de Israel (At 4,36-37).

Chipre, uma grande ilha no Mediterrâneo, foi a primeira etapa da missão dos enviados pela Igreja de Antioquia. Eram eles Barnabé, Paulo e João Marcos, provavelmente com outros. Nessa ocasião, Paulo ainda se chamava Saulo, seu nome hebraico. Mas esta pode não ser a primeira vez que pregadores cristãos chegaram à ilha. Os Atos narram que, após a morte de Estêvão, os discípulos se dispersaram por várias regiões, levando o Evangelho à Fenícia, a Chipre e à Síria (At 11,19). Se, neste resumo, os Atos não estão se referindo justamente à ida dos missionários de Antioquia à ilha, que se deu pelos anos 40, a primeira evangelização teria ocorrido, então, por volta de 34 ou 35. Mas nada sabemos do resultado dessa suposta primeira evangelização. Pelo contrário, a ida de Barnabé e Paulo para Chipre supõe justamente que nada teria restado de uma pregação anterior.

Saulo muda seu nome: a inculturação

Na ilha, os apóstolos começaram o trabalho nas sinagogas de Salamina, cidade da costa leste, onde desembarcaram. Mas os Atos não informam se aí houve conversões. Parece que se interessam mais pelo que se passou no outro lado da ilha, na cidade de Pafos, na costa oeste. Havia lá um mago, de nome Bar-Jesus, pretenso profeta. Ele fazia parte do círculo de amizade do procônsul da ilha, chamado Sérgio Paulo. Com a chegada dos missionários, o procônsul interessou-se em ouvir a pregação deles, pois era um homem culto e muito inteligente. Mas Bar-Jesus, também chamado Elimas, tentava dissuadir o procônsul da fé. Então, Paulo o repreendeu severamente e ele ficou cego na mesma hora. O fato impressionou vivamente ao procônsul, que acabou abraçando a fé (At 13,4-12).

A partir desse momento, Saulo adotou definitivamente o nome de Paulo. Essa mudança de nome marca o contato inicial de Paulo com o mundo pagão. Afinal, Sérgio Paulo foi o primeiro membro da hierarquia romana convertido pelo apóstolo. Marca também sua identificação total com a linha de abertura aos pagãos, iniciada em Antioquia.

Algum tempo mais tarde, na segunda viagem missionária, Barnabé retornou a Chipre, com João Marcos, para "visitar os irmãos e ver como estão" (At 15,36.39). Mas não conhecemos maiores detalhes das comunidades que porventura tenham se formado na ilha.

Antioquia da Pisídia

A multidão quer ouvir a Palavra

A Pisídia era uma região ao centro da Ásia Menor. Antioquia era a cidade mais importante dessa região, apesar de não ser muito grande. Sua importância no conjunto das comunidades da diáspora está em dois fatos narrados pelos Atos, ambos de grande significado para a identidade da missão evangelizadora: a mudança definitiva dos destinatários da missão e a perseguição por causa do Evangelho. Estes fatos se passaram primeiro em Antioquia da Pisídia e, depois, repetiram-se mais ou menos em todas as outras comunidades evangelizadas daí por diante.

Paulo, Barnabé e os outros companheiros chegaram à cidade, vindos da ilha de Chipre, dando sequência ao primeiro circuito

O dom de Deus é para todos

missionário, que tinha partido de Antioquia da Síria. Eles foram à sinagoga da cidade, no sábado, e receberam o convite para pregar após a leitura da Lei e dos Profetas. Paulo fez, então, seu primeiro discurso, cujo conteúdo é atestado nos Atos. Trata-se de uma leitura teológica da história de Israel, desde Abraão até Jesus (At 13,16-41). A primeira reação dos membros da sinagoga foi positiva. Eles não só se interessaram pela interpretação de Paulo, mas o convidaram para voltar a falar no sábado seguinte. Então, muitos judeus e gregos simpatizantes do judaísmo se uniram aos apóstolos (At 13,42-43).

Insucessos

A segunda pregação de Paulo, em Antioquia da Pisídia, provocou outra reação. Vendo a multidão que se reuniu para ouvir os missionários, os judeus mais radicais ficaram furiosos e começaram a cobrir os apóstolos de injúrias. Esta atitude levou, então, os missionários a declararem sua total dedicação, de ora em diante, aos pagãos. Essa mudança do destinatário da missão reforçou a linha já aberta pela comunidade de Antioquia da Síria, de onde eles haviam partido. Continuaram a se dirigir às sinagogas

dos judeus, por exemplo em Icônio, para onde fugiram (At 14,1), mas a decisão de procurar diretamente os pagãos permaneceu como principal estratégia da missão. Não era mais necessário passar pelas tradições religiosas judaicas para aderir à fé cristã. Isto foi uma grande alegria para os pagãos. Uma grande quantidade deles abraçou a fé.

Perseguição

A reação dos judeus em Antioquia da Pisídia passou das palavras para a ação. Eles provocaram a agitação no meio de pessoas importantes da cidade, mulheres e homens de prestígio, adoradores do Senhor. O objetivo era perseguir e expulsar os apóstolos de seu território. Conseguiram o que queriam, mas não impediram que uma comunidade se implantasse ali. E os novos discípulos ficaram "repletos de alegria e do Espírito Santo" (At 13,50-52). Este é o outro fato determinante para a compreensão do papel do missionário: ele tem de estar pronto para tudo, inclusive para o martírio.

Os judeus de Antioquia não se contentaram em expulsar os missionários da cidade. Mandaram também pessoas para as localidades vizinhas, nas quais os apóstolos

Visão Global 14

estavam pregando, a fim de acabar de vez com eles. Um exemplo disto nos é dado por Atos logo a seguir, quando os missionários estavam em Listra (At 14,8-20).

Icônio (Pisídia), Listra e Derbe (Licaônia)

A cidade de Icônio situa-se na região da Pisídia; Listra e Derbe, na região da Licaônia. Também foram palco de disputas para os apóstolos já na primeira evangelização. Paulo, Barnabé e os companheiros foram para Icônio a fim de fugir da perseguição dos judeus de Antioquia. Ali se repetiu a mesma perseguição que haviam sofrido na cidade anterior. A população local ficou dividida, sem saber a quem dar razão: se a Paulo e Barnabé, ou aos judeus. No fim, prevaleceu a opinião dos judeus, que decidiram apedrejar os apóstolos. Estes, porém, conseguiram se refugiar nas cidades vizinhas. Mesmo assim, os perseguidores saíram também de Icônio, junto com os de Antioquia, para ir ao encalço dos missionários em Listra. Mas, pelo menos, uma parte dos habitantes permaneceu unida na fé, graças, sobretudo, aos milagres extraordinários que eles realizaram na cidade.

Em Listra, o grande acontecimento foi a cura de um paralítico, realizada por Paulo. A população ficou tão admirada com o milagre que identificou os apóstolos com os deuses da cidade. Isto trouxe um grande transtorno para eles, pois só a muito custo conseguiram evitar que os manifestantes lhes oferecessem um sacrifício (At 14,6-18).

Contudo, os judeus de Antioquia e de Icônio, com pessoas influentes dessas cidades, foram para Listra, a fim de se contraporem aos apóstolos. Conseguiram incitar a multidão contra eles. Paulo chegou a ser apedrejado e arrastado para fora da cidade e dado como morto. Mas ele, cercado pelos discípulos, levantou-se e entrou de novo na cidade (At 14,19-20).

De Listra conhecemos o discípulo Timóteo, filho de uma mulher judia-cristã e de pai grego (pagão). Na segunda viagem missionária, ao repassar por essa cidade, Paulo conheceu a boa reputação dele entre os discípulos. Desejou, então, fazê-lo seu companheiro de missão. Mas em atenção a alguns judeus, para não criar mais conflito, Paulo o circuncidou. Normalmente Paulo era contrário à circuncisão dos pagãos. Neste caso, ele o fez porque, sendo filho de mãe judia, Timóteo era considerado israelita, e não pagão (At 16,1-3).

No dia seguinte, Paulo partiu com Barnabé para a cidade de Derbe. Os Atos não dão detalhes do trabalho dos apóstolos aí, mas afirmam que anunciaram a Boa-Nova na cidade e fizeram muitos discípulos (At 14,21). Eles voltaram pelo mesmo caminho da ida, revisitando as comunidades e confirmando os discípulos. Designaram líderes para cada uma delas, como forma de garantir a continuidade da obra (At 14,21-13).

Perge (Panfília)

Perge, na Panfília, ao sul da Ásia, foi a última cidade evangelizada nessa primeira missão, já no caminho de volta. Os missionários haviam passado por essa cidade logo que desembarcaram na Panfília, vindos de Chipre, mas não se detiveram aí (At 13,13-14). Não temos notícias de como foi esse trabalho nem de seus resultados. De Perge, desceram até a Atália, onde embarcaram de volta para Antioquia da Síria (At 14,24-26). Toda essa missão durou cerca de quatro anos, entre 45 e 49 E.C.

Roteiro para o estudo do tema

1. Oração inicial
Conforme a criatividade do grupo.

2. Mutirão da memória
Compor a síntese do conteúdo já lido por todos no subsídio. Caso as pessoas não tenham o subsídio, ficará a cargo do(a) líder expor a síntese.

Recurso visual
Distribuem-se os papéis e cada um escreve:

Que tipos de pessoas estão hoje fora das comunidades cristãs? Cada um apresenta o que escreveu.

3. Partilha afetiva
Em plenário ou em grupos, dialogar:

- Por que essas pessoas não se engajam nas comunidades?
- Elas se consideram indignas? Impuras?
- Ou o nosso modo de entender e viver a fé cristã as afasta e despreza?

4. Sintonia com a Bíblia
Ler At 11,1-18.

O apóstolo Pedro entra na casa de uma família romana, na cidade de Jope, o que era proibido aos judeus, pois os pagãos eram considerados impuros e indignos. Ele faz a refeição com eles e anuncia o Evangelho. Todos recebem o dom da fé e é grande a alegria.

Diálogo de síntese
- O que as comunidades hoje deveriam fazer para que as pessoas que estão à margem da sociedade tivessem coragem de se aproximar?
- Já fizemos alguma experiência de acolher, em casa ou na comunidade, pessoas que são marginalizadas e desprezadas?

Lembrete: para a próxima reunião, combinar com algumas pessoas voluntárias que queiram fazer uma breve encenação: encenar uma situação de conflito na comunidade (desentendimento, inveja, dominação...) e, depois, encenar uma solução: alguém que esclarece o fato e propõe uma reconciliação entre os que estavam em conflito.

3º tema

Da Ásia para a Europa: segunda viagem de Paulo (At 15,36–18,23)

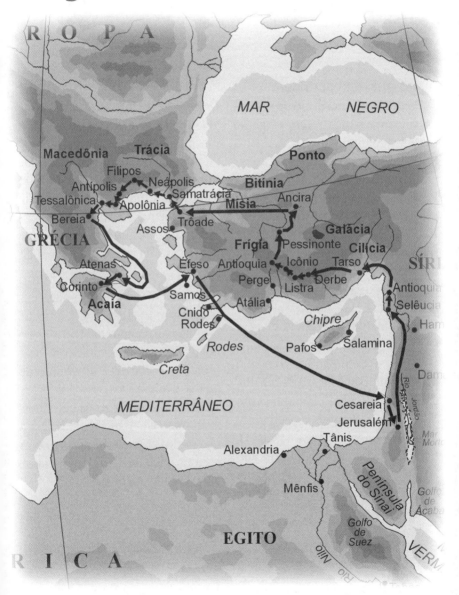

A comunidade de Antioquia foi também o ponto de partida da segunda viagem missionária de Paulo, que acabou se estendendo até a Macedônia e a Acaia (Grécia), na Europa. Nesse continente o trabalho missionário atingiu as cidades de Filipos, Tessalônica, Bereia, Atenas e Corinto.

Males que vêm para bem

Paulo havia definido o objetivo da nova viagem: revisitar as mesmas comunidades da primeira missão, "para ver como estão" e para "confirmá-las" (At 15,36.41). Portanto, não visava, ao menos no primeiro momento, evangelizar novas cidades. Mas Paulo e Barnabé tiveram uma discussão acirrada por causa de João Marcos, primo de Barnabé. Paulo não o queria na equipe, pois ele os havia abandonado no início da primeira viagem (At 13,13; 15,38).[1] Assim, Barnabé e Paulo se separaram. Barnabé partiu com João Marcos para a ilha de Chipre, enquanto Paulo foi com Silas para as regiões da Cilícia e da Licaônia (At 15,40-41; 16,1). Esse fato se deu por volta do ano 50 E.C. (cf. mapa n. 38 da página anterior, sobre a segunda viagem missionária de Paulo).

A equipe de Paulo passou por Derbe, depois Listra. Nesta última cidade, Paulo agregou ao grupo o discípulo Timóteo, depois de tê-lo circuncidado (At 16,1-3). Por onde iam passando, eles transmitiam as decisões tomadas no "Concílio de Jerusalém". Desta forma as comunidades foram crescendo "em número de dia para dia" (At 16,4-5).

Da Licaônia atravessaram a Frígia e a Galácia, na região central, foram à Mísia, mais a oeste, e tentaram entrar na Bitínia, ao norte. Não o conseguiram, certamente por causa do ambiente hostil a eles. O livro dos Atos simplifica e ameniza os conflitos, atribuindo ao "Espírito de Jesus" a não permissão de passar naquelas regiões. Eles se dirigiram, então, para Trôade, na costa oeste.

---

[1] Pelo tom da discussão e pelo resultado, a separação entre os dois grandes companheiros nos permite supor que Paulo não considerava João Marcos uma pessoa apta para a missão. Em Listra, Paulo agregou Timóteo à missão, sem que este tivesse participado da primeira (At 16,3).

Trôade

Origens

Trôade situa-se no litoral oeste da Ásia Menor, ao norte de Éfeso. Tinha também um porto marítimo. Havia nessa região uma comunidade cristã, mas não sabemos como ela se originou. A sua importância, no quadro das comunidades da diáspora, deve-se ao fato de ter sido o verdadeiro ponto de partida para a Macedônia e Grécia na segunda viagem missionária de Paulo, acompanhado por Silas e Timóteo. De fato, como vimos, quando os missionários partiram de Antioquia para a segunda missão, eles pretendiam apenas fazer uma rápida visita às comunidades da primeira viagem (At 15,36). De passagem por Trôade, os missionários tomaram outros rumos.

Novos horizontes de missão

Em Trôade, nesta segunda viagem de Paulo, abriu-se um novo horizonte para a missão: a Macedônia, situada do outro lado do Mar Jônio, que divide o continente asiático do europeu. Portanto, trata-se de levar o Evangelho a outra cultura. O campo da missão se amplia com novos desafios, apesar da proximidade geográfica dos dois continentes. Era só atravessar de barco um pequeno trecho do mar e já se passava da Ásia à Europa.

A motivação para a nova missão foi uma visão noturna que Paulo teve em Trôade, na qual um macedônio vinha lhe pedir para ir à região. Sem maiores questionamentos, os missionários partiram logo no dia seguinte (At 16,10).[2] Assim, eles desdobraram a segunda viagem em uma nova etapa: evangelizar no continente europeu. Esta, porém, não foi, historicamente, a primeira vez que alguém pregou o Evangelho na Europa. Como dissemos, já no ano 49 existiam cristãos em Roma. Mas este é o primeiro relato dos Atos que descreve, com detalhes, a evangelização em algumas cidades da Europa.

Se já existia uma comunidade cristã em Trôade, nesse período, podemos dizer que, de certo modo, coube a esta enviar os missionários para as novas terras de missão. Trata-se, de fato, de duas regiões europeias que ainda não conheciam o Evangelho: a Macedônia e a Acaia (Grécia).

---

[2] A partir deste ponto da narração, o autor do livro dos atos se inclui na viagem (cf. o uso de "nós" a partir de At 16,10).

Visão Global 14

Nessa cidade Paulo teve uma visão noturna, na qual um macedônio o chamava para atravessar para o outro continente.

Nessa segunda viagem, Paulo ficou pouco tempo em Trôade. Atos fala que partiram no dia seguinte de sua chegada, mas aí voltou na terceira viagem (At 16,6-10). Saindo de Trôade passaram por Samotrácia e Neápolis e desembarcaram em Filipos, na Macedônia (At 16,11-12).

Filipos: um encontro junto ao rio

Origens

Principal cidade da Macedônia, Filipos era uma colônia romana. Isto significava que ela era administrada diretamente por Roma, e habitada na sua maioria por cidadãos romanos, gente de cultura essencialmente latina. Sua estrutura urbana imitava a de Roma. Ficava na região costeira, no leste da Macedônia. Tinha um porto. Os judeus dessa região não tinham sinagoga, por isso, faziam as reuniões de sábado às margens do rio que desemboca no mar próximo à cidade, onde podiam fazer suas abluções rituais.

Os discípulos missionários, Paulo, Silas, Timóteo e Lucas, encontraram numa dessas reuniões, à beira do rio, um grupo de mulheres judias. Entre elas havia uma "adoradora de Deus", isto é, uma pagã simpatizante do judaísmo, chamada Lídia. Ouvindo a pregação dos discípulos ela se converteu e depois os hospedou em sua casa, tendo insistido com eles para que ficassem. Lídia foi batizada junto com "os de sua casa" (At 16,11-15). Essa prática parece ser uma constante nas primeiras comunidades: à conversão do "chefe" da casa segue a de toda a sua família e, provavelmente, também da criadagem. A expressão "casa" incluía quem morasse nela, inclusive os escravos (cf. At 10,44).[3]

Conflitos

Em Filipos deu-se o primeiro conflito entre os apóstolos e pessoas que ganhavam dinheiro às custas da manipulação da religião. Ali havia uma jovem escrava que fazia adivinhações e rendia muito dinheiro a seus patrões. Paulo a libertou desse "espírito maligno", porém provocou imediatamente a revolta dos patrões dela contra Paulo e Silas, que foram denunciados por eles e, posteriormente, presos e açoitados (At 16,16-24). Entretanto, naquela mesma noite conseguiram

---

[3] Cf. At 16,31.34; 18,8; 1Cor 1,16.

a liberdade, depois que um terremoto abalou as estruturas do cárcere e abriu as portas e soltou os grilhões de todos. Com esse milagre, conseguiram a conversão do carcereiro, que atribuiu o fato à oração fervorosa que os dois discípulos faziam naquele momento. Mesmo assim, eles foram expulsos da cidade (At 16,25-40).

A Carta aos Filipenses: afeição e confiança

Entre os anos 54 e 57, o apóstolo escreveu uma breve carta aos irmãos da comunidade de Filipos (Fl 1,7.12-17), na qual lembra suas prisões. Segundo alguns comentaristas, provavelmente Paulo se encontrava preso em Éfeso quando a escreveu. Trata-se da Carta aos Filipenses. Nela, o apóstolo agradece a afeição que os discípulos de Filipos tinham por ele, sobretudo demonstrada no gesto de ajuda que lhe mandaram por intermédio de Epafrodito (Fl 4,10-20). Paulo se lembra, com gratidão, da constante solicitude dos filipenses nas suas necessidades, quando estava em Tessalônica (Fl 4,16) e em Corinto (2Cor 11,9). Ele sempre havia se recusado a aceitar ofertas das comunidades, preferindo trabalhar por conta própria para seu sustento (At 18,3).[4] Mas reconhecia o direito dos missionários à subsistência pelo trabalho de evangelização junto às comunidades (1Cor 9,6-14).[5]

A relação afetuosa de Paulo com os cristãos de Filipos dava a essa aceitação outro significado, para que não fosse interpretada como usufruto nem exploração, e sim apenas como sinal de partilha fraterna. Por isso, só dos filipenses ele aceitou auxílios para si mesmo. Na Carta aos Filipenses ele "derrama seu coração", adverte contra os "maus operários", isto é, aqueles que estavam tentando destruir, em outros lugares, o trabalho dele, e, enfim, faz, principalmente, um apelo a que se conservem unidos, na humildade. Na carta cita um dos mais antigos hinos cristãos, que talvez não seja de sua autoria, mas resume muito bem sua ideia: a aniquilação ou rebaixamento de Cristo (Fl 2,6-11).

Tessalônica (Macedônia)

O Evangelho chega à Europa

A cidade de Tessalônica fica a oeste de Filipos, também na região

---

[4] Cf. 1Cor 4,12; 1Ts 2,9.

[5] Cf. Gl 6,6; 2Ts 3,9.

Visão Global 14

costeira da Macedônia, e é banhada pelo mar Jônio. Era a capital da província romana da Macedônia. Foi a primeira grande cidade evangelizada pelos missionários de Antioquia, na Europa. A localização geográfica de Tessalônica, ao fundo do golfo Termaico, fazia dela um porto seguro. No ano 42 a.E.C., adquiriu o *status* de cidade livre, passando, então, a ser administrada por um procônsul romano. Na segunda viagem missionária, Paulo, Silas e Timóteo se dirigiram a essa cidade.

Quando chegaram a Tessalônica, a cidade já era um importantíssimo e florescente centro comercial, onde viviam muitos estrangeiros e, entre eles, uma importante comunidade judaica. A Via Egnatia, que ligava o mar Egeu, no leste, ao Adriático, no oeste, colocava a cidade na rota das mais importantes caravanas comerciais e dos fluxos de migrantes de toda parte.

Parece que a pregação na segunda cidade da Macedônia foi um sucesso! Depois de três sábados de pregação na sinagoga, muitos "adoradores de Deus", simpatizantes do judaísmo, pagãos (gregos), mulheres da alta sociedade e alguns judeus se converteram à fé cristã (At 17,4).

Conflitos

O sucesso obtido pelos missionários, como em outras missões anteriores, despertou a inveja dos judeus da sinagoga local. Eles recrutaram alguns homens perversos para provocarem uma confusão com o intuito de prender os apóstolos, os quais tinham se refugiado na casa de um certo Jasão. A multidão de revoltosos foi até lá, mas não encontrando os missionários, arrastou Jasão e alguns irmãos para os apresentar aos magistrados da cidade, sob acusação de conspiração. Mas os magistrados só exigiram uma fiança para soltá-los. Jasão teve de pagá-la (At 17,5-9). De noite, os companheiros de Paulo fizeram com que ele e os seus seguidores fugissem para Bereia. Mesmo assim, os judeus invejosos foram atrás, perseguindo os missionários. Mas a comunidade permaneceu unida na fé cristã.

Esses acontecimentos se passaram por volta dos anos 50. Pouco depois, Paulo escreveu uma carta para a comunidade de Tessalônica, quando estava em Corinto, entre os anos 50 e 52. Vamos vê-la, brevemente.

Do coração de Paulo, nasce o Segundo Testamento

Por ter sido obrigado a sair muito cedo da cidade, devido à oposição dos judeus, o trabalho de Paulo em Tessalônica ficou só nas raízes. A comunidade, recém-formada, não teve a assistência de seu fundador nos primeiros passos da caminhada cristã. Isto justifica, então, a inquietude de Paulo a respeito desses novos cristãos, abandonados à própria sorte depois de sua abrupta partida. Já no ano 51, ele escreveu uma carta à comunidade. É a Primeira Carta aos Tessalonicenses. Na ordem cronológica, este é o primeiro escrito de Paulo e de todo o Segundo Testamento e, ainda, o primeiro documento cristão, do ponto de vista literário. Com essa carta, Paulo procura deixar orientações claras para a comunidade de Tessalônica, que ele ama como um pai que sabe das dificuldades que os filhos precisam vencer (1Ts 2,11-12).

Ele começa falando de sua afeição pela comunidade que mal fizera nascer. Não começa logo com questões doutrinais. As boas notícias recebidas acerca da comunidade inspiram Paulo a se expressar numa oração de ação de graças (1Ts 1,2-10). Não foi informado de problemas quanto a erros doutrinais na comunidade. Por isso, limita-se a recomendar o que já se esperava: que perseverem e cresçam nessa caminhada. Vivendo na esperança da volta de Cristo glorioso, a Igreja de Tessalônica é uma prova de que, não obstante todos os obstáculos, o Evangelho prossegue a sua obra (1Ts 1,10; 2,19; 4,16).

Bereia (Macedônia)

Bereia está situada próximo a sudoeste de Tessalônica, mais para o interior da Macedônia. Foi a terceira cidade europeia evangelizada por Paulo e seus companheiros. Aí também houve sucesso: desta vez, muitos judeus abraçaram a fé, além de mulheres gregas da alta sociedade e homens do povo. Porém, mais uma vez os mesmos judeus vindos de Tessalônica provocaram tumulto para desestabilizar a comunidade cristã. A tática era agitar a multidão e colocar a culpa nos apóstolos. Paulo teve de fugir para Atenas, na Grécia, conduzido pelos irmãos da comunidade, enquanto Silas e Timóteo permaneceram em Bereia (At 17,10-15). Logo que os acompanhantes de Paulo regressaram à Bereia, transmitiram aos dois companheiros o apelo de Paulo para que fossem rapidamente ao encontro dele. Isto acabou acontecendo mais tarde, em Corinto, na Grécia.

Atenas (Acaia): entre a cultura e a fé

Paulo foi conduzido por mar até a região da Acaia, na cidade de Atenas, pelos irmãos da Bereia. Logo que chegou à cidade, indignou-se com a quantidade de altares dedicados aos ídolos pagãos, então começou o debate com os judeus na sinagoga, bem como com os "adoradores de Deus". Mas foi também para a praça pública expor abertamente a mensagem de Jesus e da ressurreição e tentar combater os ídolos. Convidado pelos filósofos frequentadores da praça para explicar sua doutrina, um tanto "esquisita" para eles, Paulo fez um lindo discurso, até mesmo valorizando alguns pontos de vista gregos e usando o modo de raciocínio próprio deles. Mas o conteúdo foi excessivamente apologético, condenando a "idolatria" dos gregos. É claro que tudo deu em nada. Foi um fracasso! Só alguns homens, e umas poucas mulheres, aderiram a ele. Entre estes os Atos citam Dionísio, o Areopagita, e uma mulher de nome Dâmaris (At 17,16-34). Talvez tenham sido o embrião de uma comunidade cristã em Atenas, pois não temos outras notícias da comunidade ateniense.

Corinto (Acaia): o encontro de todos os povos

Corinto era uma cidade de grande importância no mundo grego. Tinha dois portos muito movimentados: Cencreia, no mar Egeu, e Lequeia, no Adriático. Considerada uma cidade cosmopolita, recebia gente de toda parte, cada qual com suas ideias, sua religião, seus costumes. Por volta dos anos 50-52, quando Paulo chegou à cidade, esta contava com cerca de meio milhão de habitantes. Dois terços deles eram escravos. Havia muitos pobres, convivendo lado a lado com pessoas muito ricas. Era a capital da província romana da Acaia. O elemento romano e latino predominava, apesar de a população ser variada. Também a comunidade judaica era aí muito importante e influente. Como toda cidade desse tipo, Corinto tinha uma péssima reputação, por causa da licenciosidade de seus costumes.

Mais colaboradores

Foi em Corinto que Paulo ficou conhecendo o casal Áquila e Priscila, judeu-cristãos recém-chegados

Da Ásia para a Europa: segunda viagem de Paulo (At 15,36–18,23)

de Roma (At 18,2). Com eles, Paulo trabalhou e viveu pelo tempo que esteve na cidade, cerca de um ano e meio (At 18,1-8). Eles eram fabricantes de tendas e viviam dessa profissão, como Paulo. Apesar da forte recusa dos judeus em acolher a Palavra de Deus, Paulo insistiu e acabou ganhando a simpatia de Crispo, o chefe da sinagoga, que se converteu. Muitos pagãos de Corinto também aderiram à fé e foram batizados. Essa comunidade tornou-se um importante centro cristão, mas deu também muito trabalho para o apóstolo, pois os discípulos estavam continuamente expostos a todos os vícios e perigos da vida pagã. Posteriormente, Paulo enviou três cartas à comunidade de Corinto, explanando as mais diversas implicações do Evangelho no cotidiano das pessoas. Destas, só encontramos duas no Segundo Testamento, pois a primeira se perdeu ou talvez esteja integrada nas duas cartas canônicas (cf. 1Cor 5,9-13).

Nova liderança: limites humanos

De Corinto os missionários, de novo reunidos, voltaram a Antioquia da Síria, de onde tinham partido em missão (At 18,1-23). Priscila e Áquila ficaram em Éfeso. Algum tempo depois, chegou a Corinto o judeu-cristão Apolo, originário de Alexandria. Ele estava chegando de Éfeso, onde tinha pregado e tinha sido melhor instruído na doutrina evangélica pelo casal Priscila e Áquila. Os irmãos de Éfeso tinham incentivado a ida de Apolo para Corinto por causa de sua acurada formação bíblica, que era muito útil para dirimir as questões nas disputas com os judeus. Deram-lhe até uma carta de apresentação (At 18,27-28).

Em Corinto, Apolo causou grande entusiasmo, sobretudo por sua eloquência, muito maior que a de Paulo, acusado de não saber falar bem (2Cor 10,10). Mas isto acabou criando problemas, com a formação de "panelinhas" na comunidade de Corinto (1Cor 1,12). Paulo, que já estava em Éfeso nessa época, junto com o próprio Apolo (1Cor 16,12), teve de se manifestar em relação a este e a outros problemas, mandando suas cartas aos coríntios.

Primeira Carta aos Coríntios: a fé na vida diária

Nesta carta encontramos informações e decisões concernentes a diversos problemas cruciais do cristianismo primitivo. É retratada a vida interior da comunidade: a pureza de costumes (1Cor 5,1-13;

Visão Global 14

6,12-20), o matrimônio e a virgindade (1Cor 7,1-40), a ordem nas assembleias religiosas e celebrações da eucaristia (1Cor 11–12) e o uso dos carismas (1Cor 12,1–14,40). O horizonte escatológico está sempre presente e fundamenta toda exposição sobre a ressurreição da carne (1Cor 15). É mostrado, também, o relacionamento da comunidade cristã com o mundo pagão: apelo aos tribunais (1Cor 6,1-11), carnes oferecidas aos ídolos (1Cor 8–10) etc. Aquilo que poderia ser simples casos de consciência ou normas de liturgia, torna-se, graças à genialidade de Paulo, ocasião de mensagens profundas sobre a verdadeira liberdade da vida cristã, a santificação do corpo, o primado da caridade, a união a Cristo.

Aos coríntios que se dividem, opondo entre si seus diversos mestres e seus talentos humanos, Paulo recorda que não há senão um só mestre, Cristo, uma só mensagem, a salvação pela cruz, e que esta é a única e verdadeira sabedoria (1Cor 1,10–4,13).

Segunda Carta aos Coríntios: a vida em comunhão

A Segunda Carta aos Coríntios também responde a problemas bem concretos e cruciais da comunidade.

A defesa que Paulo faz de seu apostolado (2Cor 10–13) inspira-lhe páginas esplêndidas sobre a grandeza do ministério apostólico (2Cor 2,12–6,10). O tema concreto da coleta (2Cor 8–9) é iluminado pelo ideal da união entre as Igrejas. Por força das circunstâncias e sem contrariar as perspectivas escatológicas, Paulo é levado a insistir mais na vida cristã presente, como união a Cristo no verdadeiro conhecimento, que é o da fé.

A escrita comunica a força do Evangelho: terceira viagem de Paulo (At 18,23–21,16)

Quando Paulo terminou sua segunda viagem a Corinto, no continente Europeu, ele embarcou rumo a Jerusalém e fez escala em Éfeso, na costa oeste da Ásia Menor. Áquila e Priscila o acompanhavam. Permaneceu na cidade por uma semana, enquanto o casal resolveu ficar mais tempo (At 18,18-21). Tendo chegado à terra de Israel, Paulo foi a Jerusalém "para saudar a Igreja" e depois dirigiu-se para Antioquia, sua comunidade (At 18,22-23a), na qual, com certeza, fez a sua "prestação de contas", como de costume.

Por volta do ano 54, Paulo partiu novamente de Antioquia com destino a Éfeso, na terceira viagem missionária. Mais uma vez, ele foi por terra, atravessando o planalto central da Ásia. Passou em Tarso, Derbe, Listra, Icônio, Antioquia da Pisídia e Ancira, confirmando essas comunidades. Nesse trajeto, percorreu as regiões da Cilícia, Licaônia, Galácia e Frígia. Chegou, então, a Éfeso, onde ficou por cerca de dois anos e meio (cf. mapa n. 39).

Éfeso

A religião manipulada

Éfeso é uma importante cidade portuária da costa oeste da Ásia Menor, banhada pelo mar Jônio. Era a capital da província proconsular da Ásia. Destacava-se como centro comercial e religioso no mundo greco-romano. Não sabemos com certeza se foram os companheiros de Paulo os fundadores da comunidade cristã de Éfeso, ou se foi o discípulo judeu-cristão de nome Apolo. Este chegou à cidade algum tempo depois da primeira passagem de Paulo. Apolo veio de Alexandria, cidade do norte do Egito, trazendo na bagagem um grande conhecimento bíblico. Ele já era convertido ao cristianismo, "instruído no Caminho do Senhor", como dizem os Atos, e tinha uma argumentação convincente sobre as Escrituras. Logo começou a pregar na sinagoga. Mas sua instrução era parcial, visto que só conhecia o batismo de João. Por isso, o casal Priscila e Áquila completou sua formação catequética (At 18,24-26).

Do batismo de João ao dom do Espírito

Conforme pretendia, Paulo retornou a Éfeso no ano 54 ou 55. Mas nessa ocasião Apolo já tinha ido para Corinto, na Acaia, região da Grécia. A comunidade efesina, porém, continuava apresentando deficiências na evangelização. Parece que o casal que instruiu Apolo não teve a mesma diligência para com os novos discípulos surgidos pela pregação daquele evangelizador. Ao menos não a teria tido para com todos, pois quando Paulo chegou a Éfeso ainda encontrou alguns discípulos que, além de só conhecer o batismo de João, nem sequer tinham ouvido falar do Espírito Santo (At 19,1-2).

Apolo, Priscila e Áquila, os três evangelizadores, talvez tenham concentrado sua pregação na obra salvífica de Jesus, baseando-se nos

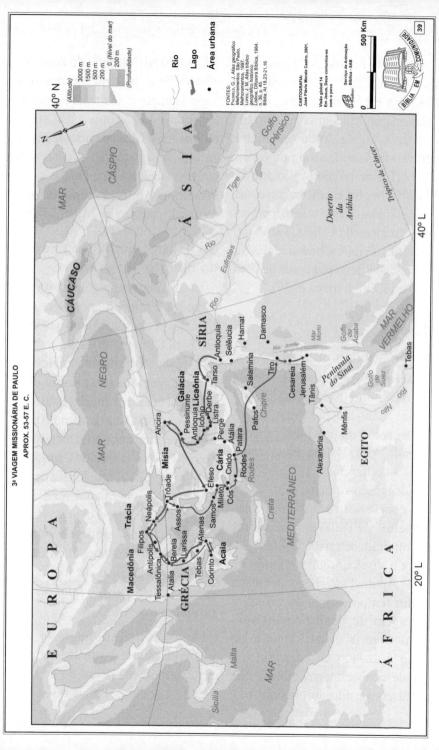

Da Ásia para a Europa: segunda viagem de Paulo (At 15,36–18,23)

textos messiânicos do Primeiro Testamento, mas não explicitando a continuidade dessa obra na Igreja.

Um novo Pentecostes

Paulo completou a evangelização dos efésios, fazendo distinção entre a obra de João Batista e a de Jesus. Os Atos simplificam, mas podemos supor que Paulo tenha esclarecido também a questão do papel do Espírito Santo na obra da Igreja, pois o próprio João Batista havia identificado o "batismo de Jesus" como um "batismo com o Espírito Santo e com fogo" (Lc 3,16). Feitos esses esclarecimentos, os discípulos foram batizados "em nome do Senhor Jesus" e receberam o dom do Espírito Santo, pela imposição das mãos de Paulo.

O resultado dessa catequese e celebração sacramental foi um novo Pentecostes em Éfeso (At 19,1-7). A experiência é descrita com características semelhantes às do Pentecostes de Jerusalém (At 2,1-4): eram doze, lembrando os Apóstolos; o Espírito veio sobre eles, lembrando as línguas de fogo; eles falavam em diferentes línguas, como também os primeiros; e profetizavam, como pressupõe Pedro, ao citar a profecia de Joel no seu discurso, explicando o que estava acontecendo (At 2,17-18).

O trabalho de Paulo, em Éfeso, durou pouco mais de dois anos (At 19,8.10). Mais tarde, ele mesmo dirá que foram três anos de ministério na cidade (cf. At 20,31). Trata-se de maneiras diferentes de estabelecer os períodos. Com o trabalho evangelizador de Paulo, houve muitas conversões em Éfeso. Em contrapartida, os judeus da cidade fizeram uma acirrada oposição ao apóstolo, passando até a difamá-lo. Paulo rompeu com eles e passou a reunir os discípulos na escola de um certo Tirano que, provavelmente, alugava ou emprestava sua sala para a catequese paulina. Foi em Éfeso que Paulo se tornou escritor de cartas para as comunidades que havia fundado.

Retratos da comunidade de Éfeso

Os Atos dos Apóstolos se ocupam bastante dos acontecimentos em Éfeso. Temos alguns relatos, pormenorizados, de fatos relativos a essa comunidade.

Os exorcistas judeus

O primeiro deles é a desventura dos exorcistas judeus, que não tiveram bom êxito com o uso do nome de Jesus nos exorcismos, com o intuito de imitar Paulo. Ficou claro que não bastava invocar o nome de Jesus sobre o possesso para que, como num passe de mágica, o demônio saísse. Quem saiu prejudicado, ferido e desacreditado foram os próprios exorcistas (At 19,11-17). O episódio foi conhecido por quase toda a cidade e, como resultado, houve uma conversão em massa, em que muitos deixaram suas práticas de magia. Um bom número dos que praticavam a magia queimou em praça pública os seus livros.

Os fabricantes de estátuas de Ártemis

O segundo relato é o incidente com os ourives, que viviam da fabricação de imagens da deusa Ártemis. O culto a esta divindade ficou desacreditado depois da pregação do apóstolo, que sempre enfatizou a inexistência de outros deuses nas suas pregações aos pagãos (cf. At 17,25). Com isso, o comércio dos objetos sagrados dedicados à deusa, sobretudo as miniaturas do santuário mais popular da cidade, ficou prejudicado.

Instigados por um certo Demétrio, cujos lucros caíram com a queda das vendas, os ourives da cidade fizeram um ato de protesto, criando um grande tumulto. Paulo só não entrou na briga porque os discípulos e alguns amigos não o permitiram. Mas dois de seus companheiros de viagem, Gaio e Aristarco, que eram macedônios, foram arrastados pela multidão para o teatro da cidade, no qual os manifestantes pretendiam fazer uma assembleia e, certamente, prender ou expulsar os evangelizadores. A confusão criada só foi desfeita quando o secretário do procônsul tomou a frente e convenceu a multidão a deixar livres os forasteiros e dispersar-se (At 19,23-40).

Carta aos Efésios

A Carta aos Efésios se apresenta como sendo do próprio Paulo (Ef 1,1), mas os comentaristas hoje acreditam que seu autor deve ter sido um discípulo seu, que se valeu da autoridade do apóstolo para continuar orientando as comunidades. Este recurso se chama "pseudonímia". Era uma prática muito comum e aceita na época. Hoje ainda existem autores que usam pseudônimos, e há até os que atribuem os seus escritos a falecidos e acreditam que eles os psicografam. A Carta aos Efésios é um escrito posterior ao ano 70, e vai ser estudado no próximo tema.

Carta aos Gálatas

Não há precisão na determinação do lugar e da data em que esta carta foi escrita. Há um consenso predominante no sentido de que ela tenha sido escrita em Éfeso ou na Macedônia, em torno do ano 57, por ocasião da terceira viagem de Paulo. Os destinatários são os habitantes da região da Galácia, ao norte da Licaônia e Pisídia, regiões visitadas por Paulo nas segunda e terceira viagens missionárias. A carta tem um tom acentuadamente polêmico, tendo como eixo doutrinal a defesa de que a salvação vem pela fé e não pela Lei, no sentido de uma severa advertência contra os judaizantes. Os temas abordados por Paulo, de maneira resumida em gálatas, serão reapresentados de modo mais amplo e detalhado na sua Carta aos Romanos, pouco tempo depois.

Um "fóssil" da liturgia cristã dos primórdios

De Éfeso, Paulo e alguns companheiros foram de novo à Macedônia e à Grécia, para encorajar as comunidades aí fundadas na segunda missão. Na viagem de regresso à Síria, Paulo parou novamente em Trôade, onde havia tido a visão de um macedônio. Seus companheiros de viagem chegaram primeiro a esta cidade e o esperavam. Quando ele chegou, cinco dias depois, ficaram uma semana na comunidade (At 20,5-6).

O relato da atividade deles na comunidade de Trôade nos permite conhecer alguns detalhes preciosos da vida comunitária dos primeiros cristãos da diáspora (At 20,7-8). Isto é importante porque, normalmente, os Atos não mencionam esses detalhes em outras comunidades da diáspora. Encontramos aqui os elementos constitutivos da liturgia primitiva — "no primeiro dia da semana" a "reunião da comunidade", a presidência da reunião pelo apóstolo, que "parte e come o pão"; a "fração do pão"; a "homilia apostólica" — durante essa reunião. Até então, tais elementos litúrgicos só tinham sido citados em referência à Igreja de Jerusalém. Vemos que, desde o início, o estilo de vida comunitária, incluindo a liturgia dominical, era o ponto forte que identificava a comunidade dos discípulos de Jesus.

Durante essa liturgia comunitária do domingo, deu-se o único episódio da vida de Paulo em que ele ressuscitou um morto. Trata-se de um adolescente chamado Êutico, que estava sentado na janela do terceiro andar e, durante a longa pregação de Paulo, cochilou e caiu,

Visão Global 14

vindo a morrer. Paulo desceu e reanimou o moço. Depois subiu, partiu o pão, comeu e retomou a pregação até o dia amanhecer (At 20,9-12).

Mileto

Paulo despede-se: total abandono em Deus!

Outra passagem narrada com detalhes nos Atos é o emocionante discurso de despedida de Paulo aos anciãos de Éfeso, na cidade de Mileto (At 20,17-38). Após o incidente com os ourives, em Êfeso, Paulo partiu para a Macedônia, revisitando comunidades como Trôade, Neápolis, Filipos, Tessalônica, Atenas e Cencreia. Da Macedônia ele partiu de navio para Jerusalém (At 19,21; 20,2-3.16). Ele tinha pressa de chegar a Jerusalém antes de Pentecostes (At 20,16), por isso não quis revisitar Éfeso. Quando o navio fez escala em Mileto, Paulo convocou "os anciãos da Igreja de Éfeso" para virem até ele, a fim de despedir-se deles. Seu discurso emocionado arrancou lágrimas e soluços de todos. Entre as importantes admoestações aos líderes da comunidade efesina, Paulo frisou a de tomar cuidado com os "lobos ferozes" que se introduziriam no meio do rebanho para "dispersá-lo e destruí-lo". Era o ano 58 E.C. De fato, Paulo não voltaria mais a ver os discípulos de Éfeso, pois de Jerusalém ele sairia, como prisioneiro, para Roma, onde depois foi martirizado.

Roteiro para o estudo do tema

1. Oração inicial

Conforme a criatividade do grupo.

2. Mutirão da memória

Compor a síntese do conteúdo já lido por todos no subsídio. Caso as pessoas não tenham o subsídio, ficará a cargo do(a) líder expor a síntese.

Recurso visual

O grupo de voluntários faz a encenação que foi combinada: um conflito na comunidade e a reconciliação.

3. Partilha afetiva

As comunidades cristãs da diáspora tinham conflitos porque as pessoas pensavam diferente umas das outras, devido à cultura e origem de cada uma. Mas é por causa das dificuldades e dos conflitos que surgem os primeiros escritos do Segundo Testamento. Como se costuma dizer: "há males que vêm para o bem".

Dialogar

Em grupos ou no plenário:

- Quais os motivos que, em geral, criam dificuldades na comunidade?
- Como nós lidamos com as dificuldades e conflitos?
- Temos experiência de conflitos que levaram à reconciliação e a uma vida nova?

4. Sintonia com a Bíblia

Ler 1Cor 6,1-8.

O apóstolo Paulo escreve à comunidade de Corinto, chamando a atenção sobre as rixas que dividiam os cristãos. Mas as palavras fortes e enérgicas da carta são para nós Palavra de Deus.

Diálogo de síntese

- Na comunidade atual, há gestos, palavras, fatos que podem ser considerados Palavra de Deus?

- Se fôssemos escrever alguma coisa sobre a vida cristã de hoje, para ficar guardada e ser lida pelos cristãos do futuro, o que poderíamos escrever?

Lembrete: para a próxima reunião, trazer o mapa ou o livro de endereços da diocese, ou fotografias das cidades e das comunidades que compõem a diocese. Ou então um mapa do estado, para nele situar a diocese.

4º tema
Presença cristã em todo o império

Na Carta aos Romanos, Paulo manifesta seu vivo desejo de chegar até a Espanha, certamente não com o intuito de fazer turismo, mas de anunciar Jesus Cristo. Era sua vontade chegar a todos os povos conhecidos de então. Sua última viagem o levou a Roma. Mesmo prisioneiro, anunciou a Palavra.

O prisioneiro no Senhor: quarta viagem de Paulo (At 21–28)

Quando retornava ao Oriente, talvez Paulo tivesse a intenção de regressar à Antioquia da Síria, como das outras vezes. Mas foi preso no Templo, em Jerusalém, acusado de agitador e traidor pelos chefes judeus. Este fato mudou radicalmente os seus planos. Ele não mais pôde ver sua comunidade amada. Tampouco esta tornou a ver o seu membro mais dedicado às missões, seu apóstolo mais voltado à evangelização. Mas de Antioquia Paulo guardou a lembrança, para sempre, da abertura aos pagãos e da identidade própria dos "cristãos". Esta marca acompanhou todo o seu apostolado, determinando, afinal, a sua própria missão.

Paulo fez uma verdadeira "via--sacra" de sessões em tribunais, na terra de Israel, sempre por causa de sua postura libertadora perante a salvação dos pagãos. Ficou cerca de dois anos preso em Cesareia Marítima, capital da província romana da Judeia. Aí fez um apelo, para ser julgado como cidadão romano, no tribunal de César. Então, foi enviado como prisioneiro para Roma, pelo procurador Pórcio Festo (60-62 E.C.) Confira o roteiro da quarta viagem de Paulo a Roma, na página anterior (cf. mapa n. 40).

Tormentas da viagem

O navio em que Paulo viajava teve grandes dificuldades para navegar, devido ao mau tempo. Acabou naufragando, arrastado pela tempestade, próximo à ilha de Malta. Os tripulantes refugiaram-se nesta ilha. Foram muito bem recebidos pelos nativos, que trataram de acender uma fogueira para eles a fim de espantar o frio. Quando Paulo juntava gravetos para aumentar o fogo, uma serpente enrolou-se no seu braço. Os malteses, supondo que ele tivesse sido picado pela serpente, sendo pagãos, interpretaram

Presença cristã em todo o império

o fato como um castigo dos deuses a Paulo, considerando-o um assassino. Mas ele sacudiu a serpente na fogueira e nada sofreu. Eles, então, mudaram de opinião e passaram a considerá-lo como um deus (At 27,1–28,6).

Na ilha, ainda, Paulo curou o pai do procônsul Públio. Tendo sabido disso, todos os doentes das redondezas vieram até ele e foram curados. Quando os viajantes puderam partir de novo, num navio de Alexandria que ali estava, os habitantes da ilha mostraram seu reconhecimento para com Paulo, fornecendo aos viajantes tudo o que era necessário para a viagem (At 28,7-11). Esta prosseguiu fazendo escalas em Siracusa, Régio e Putéoli.

Putéoli ou Pozzuoli (Itália)

Temos notícia da existência de uma comunidade cristã nessa pequena cidade portuária do sul da Itália somente por um pequeno detalhe dos Atos. Nela, o navio que vinha de Malta fez uma escala, pois havia um porto. Lucas anotou no livro dos Atos que eles passaram alguns dias com a comunidade cristã local: "Encontrando ali alguns irmãos, tivemos o consolo de

ficar com eles sete dias" (At 28,14). Não existem mais informações sobre essa comunidade. Este fato aconteceu por volta do ano 61 E.C.

De Putéoli, Paulo foi levado por terra a Roma, passando pelo Foro de Ápio e por Três Tabernas (At 28,13-15).

Roma (Itália)

Uma comunidade de mártires

No livro dos Atos dos Apóstolos não encontramos nenhuma referência explícita à comunidade de Roma antes da chegada de Paulo como prisioneiro. Como já temos dito, porém, é certo que desde os fins da década de 40 já existia em Roma uma comunidade cristã. Dois fatos comprovam isto:

1º) A chegada do casal Áquila e Priscila a Corinto, vindos de Roma. Eles eram judeus convertidos à fé cristã e tinham sido expulsos de Roma pelo imperador Cláudio. Isto se deu no ano 49 (At 18,2).

2º) A carta que Paulo enviou à comunidade cristã de Roma. Ele a escreveu no final da década de 50, sem ainda ter ido a Roma. Mas nessa época já conhecia a boa fama da comunidade (Rm 1,8.13).

No capítulo 28 dos Atos, encontramos textos que falam da comunidade cristã de Roma de modo menos explícito. Mesmo assim, são textos reveladores da existência de uma comunidade cristã na capital do Império. Em At 28,15, os "irmãos" que vieram de Roma ao encontro de Paulo, no Foro de Ápio e Três Tabernas, poderiam ser discípulos cristãos. A expressão "os irmãos" foi usada para designar os cristãos em Putéoli. Mas logo em seguida, em 28,17, Paulo se dirige aos judeus de Roma, também os chamando de "irmãos". Assim, torna-se difícil definir se aqueles que vieram ao encontro de Paulo eram irmãos cristãos de origem pagã, ou irmãos judeus, ou ainda se eram judeu-cristãos. Até o ano 70, de fato, não havia distinção clara entre cristãos e judeus, pois frequentavam o mesmo templo e as sinagogas. Pelo contexto, porém, podemos deduzir que eram os irmãos cristãos. Além disso, lembremos que Paulo já tinha manifestado o desejo de conhecer esses irmãos em sua Carta aos Romanos (Rm 1,11).

Quem teria fundado a comunidade romana? Uma resposta pode ser encontrada no texto de At 2,10. Aí temos a notícia de que, na festa de Pentecostes, estavam presentes em Jerusalém judeus vindos também de Roma. Podemos supor que alguns destes estavam entre os convertidos após a pregação de Pedro (At 2,41). Portanto, é possível que esses judeus romanos tivessem voltado a Roma e pregado a Boa-Nova aos demais. Não sabemos, porém, em que ano teve início a comunidade cristã de Roma.

Carta aos Romanos: a suma teológica de Paulo

Nos anos 57/58, as coisas não estavam muito boas para a comunidade cristã em Roma. Ela continuava às voltas com as discussões com os judeus sobre a questão da observância da Lei de Moisés. Mas o tema já tinha evoluído desde as discussões de Antioquia e do Concílio de Jerusalém. Estavam em jogo questões fundamentais da teologia cristã, como a justificação pela fé, da salvação como graça de Deus e não pelas obras, isto é, pela observância da Lei; o alcance da obra salvífica de Jesus Cristo; a situação de Israel na economia da salvação e outros temas polêmicos, envolvendo a própria Lei de Moisés. Foi preciso que Paulo, de Corinto, escrevesse uma carta aos cristãos de Roma, enfocando todas essas questões e procurando dar-lhes respostas.

Presença cristã em todo o império

Paulo defendeu a liberdade dos pagãos diante da Lei, como já fizera na Assembleia de Jerusalém. Relativizou o papel da Lei, submetendo-a a Cristo, cuja vinda pôs fim à própria Lei. Reafirmou a salvação como graça de Deus para todos, superando a divisão entre judeus e pagãos. Suprimiu também outras exclusões que dividiam as pessoas em escravos e livres, pobres e ricos, homens e mulheres. "Todos somos um só", resume o apóstolo. A Carta aos Romanos é a "Carta Magna" da teologia paulina, a sua Suma Teológica, sem excluir que existam outros temas teológicos nas demais cartas do autor. Paulo foi quem melhor soube traduzir na prática da vida das comunidades a novidade da libertação anunciada, inaugurada e realizada por Cristo no mundo.

Paulo escreveu um bilhete a Filemon, não se sabe ao certo se foi da prisão domiciliar em Roma.

Carta a Filemon

Trata-se de uma carta curta, reduzida ao tamanho de um bilhete, enviada por Paulo e Timóteo a Filemon, a Ápia e a Arquipo, e à igreja que se reúne em sua casa. A data e o lugar de origem da carta são incertos. Paulo a redige de uma prisão. Assim surgem as suposições de que tenha escrito na sua prisão em Éfeso,

onde teria estado preso entre os anos 54 e 55, ou em Cesareia, entre os anos 58 e 60, ou na sua prisão em Roma, entre os anos 61 e 63.

A carta tem o intuito de pedir a Filemon que receba de volta o seu escravo fugitivo, Onésimo, que buscou apoio em Paulo prisioneiro e se tornou cristão. Paulo não faz exigências de mudanças radicais nas relações socioeconômicas entre Filemon e Onésimo, mas sugere que a relação senhor-escravo seja vivida como relação de dois irmãos ao serviço do mesmo Senhor. Sem propor mudanças estruturais, o que seria imaturo para o seu tempo, Paulo propõe profundas mudanças nas relações pessoais.

Além de todos os lugares específicos até aqui mencionados, os missionários passaram também por diversas regiões, fundando comunidades, das quais, porém, só temos algumas vagas notícias nos Atos e nas cartas do Segundo Testamento. Algumas delas podem não ter conhecido pessoalmente o apóstolo Paulo.

Diversas regiões

Regiões e cidades por onde Paulo passou

A partir de Antioquia, foram evangelizadas diversas regiões da

Ásia Menor e da Europa: a Cilícia, a Licaônia, a Galácia, a Frígia, a Panfília, a Bitínia, a Mísia, a Macedônia, a Acaia. Quando se fala dessas regiões, devemos entender as diversas cidades ou aldeias existentes em cada uma delas. Em quase todas as localidades, com muita probabilidade, os missionários passaram e teriam deixado uma pequena comunidade. Bastaria que houvesse uma sinagoga para que eles se detivessem e anunciassem o Cristo. Mais tarde eles passariam de novo por aí para "confirmar" os irmãos na fé (At 14,22; 15,36).

É possível deduzir que, no caso de comunidades muito próximas ou muito reduzidas em número de discípulos, elas se reunissem numa comunidade só. Assim, por exemplo, a carta de Paulo aos gálatas não se destina à comunidade de uma cidade específica, mas sim às comunidades da região da Galácia, que deveriam viver os mesmos problemas e partilhar a mesma caminhada, como uma só comunidade, talvez por estarem muito próximas umas das outras, ou sob a coordenação do mesmo "presbítero".

Colossas, Hierápolis e Laodiceia (Frígia)

Na Frígia, região central da Ásia Menor, encontram-se algumas cidades que, provavelmente, tenham recebido a visita de Paulo. Entre estas estão Colossas, Hierápolis e Laodiceia. Elas ficam próximas de cidades evangelizadas pelo apóstolo. Por isso, ainda que a fundação das comunidades cristãs nessas cidades não possa ser atribuída a Paulo,[1] é bem provável que ele tenha passado por elas.

Não trataremos agora dessas comunidades com detalhes, porque toda a problemática tratada na Carta aos Colossenses reflete a realidade desta comunidade num período posterior ao ano 70 E.C. Pelo menos esta é a opinião de vários autores modernos. Por enquanto, interessa-nos elencá-las no rol das Igrejas cristãs da diáspora, cujo nascimento se deu nos primeiros 40 anos da história da Igreja.

Tiro (Líbano)

O livro dos Atos dá a breve notícia da existência de "discípulos" em Tiro, cidade portuária do Líbano ou Fenícia. Eles foram "descobertos"

---

[1] A evangelização de Colossas, Hierápolis e Laodiceia é atribuída a Epafras, colaborador de Paulo (cf. Cl 1,7; 4,12.13).

por Paulo e seus companheiros quando estes regressavam da terceira viagem, rumo a Jerusalém. Ficaram sete dias com esses discípulos (At 21,4). A comunidade de Tiro foi fundada, provavelmente, na época da dispersão dos discípulos de Jerusalém, após a morte de Estêvão, por volta do ano 34 (At 11,19-20).

Regiões e cidades sem ligação direta com Paulo

A ilha de Creta

Creta é uma ilha do Mediterrâneo. Segundo o livro dos Atos, Paulo teria passado por esta ilha em direção a Roma em sua última viagem. Não há referências de que tenha se demorado ali para evangelizar os seus habitantes (At 27,7-13.21). Contudo, têm-se notícias de que havia judeus cretenses presentes em Jerusalém no dia de Pentecostes (At 2,11). Como os demais, vindos das diversas cidades e regiões da diáspora judaica, é possível que alguns de Creta também tenham se convertido com a pregação dos apóstolos em Jerusalém, e depois tenham evangelizado sua terra natal, quando regressaram das festas. Assim podemos supor que tenha nascido pelo menos uma comunidade cristã na ilha de Creta, talvez nos inícios da década de 30.

Alexandria (Egito)

Como no caso de Damasco, só temos notícia da presença de cristãos nessa cidade do norte do Egito por meio de uma breve informação de At 18,24-25. O texto faz referência a um judeu-cristão de nome Apolo, originário de Alexandria, que se transferira para Éfeso. Ele tinha sido "instruído no Caminho do Senhor", isto é, na doutrina evangélica. Mas sua formação sobre Jesus era incompleta, pois só conhecia o batismo de João Batista. Essa talvez fosse uma característica da Igreja de Alexandria nessa época (por volta do ano 54).

A cidade tinha uma importante biblioteca, fundada por Ptolomeu I (323-285 a.E.C). Era um centro cultural muito famoso e havia uma grande e influente comunidade judaica na cidade. Por volta do ano 250 a.E.C., no tempo de Ptolomeu II (285-246 a.E.C.), foi feita, em Alexandria, a tradução dos textos hebraicos do Primeiro Testamento para o grego. Essa tradução é conhecida como a "Bíblia dos Setenta" (LXX). Podemos afirmar que a comunidade judaica de Alexandria tinha um especial apreço pelo estudo das Escrituras. Isto é comprovado pelo fato de Apolo ser

Visão Global 14

qualificado nos Atos como "eloquente e versado nas Escrituras". Talvez possamos concluir que a comunidade cristã de Alexandria, assim como a comunidade judaica, tinha um bom conhecimento bíblico ou, pelo menos, apreciava uma boa reflexão bíblica.

Como teria se formado a Igreja de Alexandria? Apesar de não citar nomes de cidades do Egito, o livro dos Atos o inclui na lista dos lugares de onde tinham saído os "judeus piedosos" que presenciaram, durante a festa de Pentecostes em Jerusalém, o fenômeno da descida do Espírito Santo sobre os discípulos (At 2,10). Este poderia ser um argumento, ainda que muito tênue, para admitirmos que, possivelmente, havia judeus de Alexandria entre os que se converteram após o discurso de Pedro, naquela ocasião (At 2,41).

Cirene (África)

Situada na costa norte da África, a oeste do Egito, onde hoje é a Líbia, Cirene é mais conhecida pelo personagem Simão Cireneu, aquele que levou a cruz no lugar de Jesus, na narrativa da paixão (Mc 15,21). Mas os Atos também citam essa cidade e sua região quando elencam os diversos grupos de judeus piedosos que presenciaram o fenômeno de Pentecostes (At 2,10). Se os incluirmos entre os que se converteram depois da pregação de Pedro, logo após a descida do Espírito Santo (At 2,41), podemos deduzir que já naquele ano (30), provavelmente, ao retornar à sua terra, os cireneus evangelizaram a cidade. Daí teria se formado uma comunidade cristã. Nos séculos seguintes a cidade de Cirene se tornaria o berço de alguns importantes personagens da história da Igreja. Mas no período que interessa ao nosso estudo, nada mais sabemos sobre a comunidade que nasceu e cresceu nessa cidade africana.

Roteiro para o estudo do tema

1. Oração inicial
Conforme a criatividade do grupo.

2. Mutirão da memória
Compor a síntese do conteúdo já lido por todos no subsídio. Caso as pessoas não tenham o subsídio, ficará a cargo do(a) líder expor a síntese.

Recurso visual
Expor o mapa da diocese ou do estado, ou folhear o livro de endereços, ou ver as fotografias. Fazer um mutirão da memória sobre as cidades, vilas e comunidades que formam esta diocese.

3. Partilha afetiva
No império romano o cristianismo multiplicou-se por todas as cidades importantes. Também na Igreja do Brasil temos milhares de comunidades em todas as regiões.

A partir da década de 60 E.C., sentiu-se a necessidade de oferecer às comunidades textos narrativos, organizados, sobre a vida humana de Jesus (Evangelhos). Hoje temos inúmeras traduções e edições dos Evangelhos.

Em grupos ou no plenário, dialogar:
- Quais são as cidades que formam nossa diocese?
- Quantas dessas cidades nós conhecemos?
- Já visitamos as comunidades de lá? Já participamos da liturgia ou de algum momento importante de outras comunidades?
- Quais são as imagens de pessoas vivas que mais nos impressionam e guardamos em nossa imaginação e memória?
- Como é apresentado Jesus nos anúncios feitos em nossas comunidades?
- Como poderíamos descrever a presença de Jesus na Igreja ou fora dela?

4. Sintonia com a Bíblia

Ler At 20,17-38.

O apóstolo Paulo reúne pessoas das comunidades próximas a Éfeso. Dá as últimas orientações, reza longamente e despede-se com grande emoção.

Ou:

Ler Mc 6,1-6.

Em sua região natal, Jesus, no sábado, ensina na sinagoga. Seus conhecidos, ouvindo-o, desconfiados de sua fama, questionam sua sabedoria e suas obras prodigiosas. E Jesus, "desprezado em sua pátria, em sua parentela e em sua casa", faz apenas algumas curas de enfermos.

Diálogo de síntese:

- Quais são as recomendações que Paulo faz às comunidades?
- Se ele estivesse aqui em nossa diocese, o que ele nos recomendaria?
- Temos na diocese pessoas que criam comunhão e incentivam a fé das comunidades?
- Na Igreja e na sociedade em geral, costuma-se confiar mais nas pessoas simples e humildes ou nas pessoas importantes?
- Que mensagem profética os homens e as mulheres comuns, os pobres e os marginalizados nos comunicam?

Lembrete: para a próxima reunião, trazer fotos de pessoas e lugares de uma viagem (missão, férias, trabalho ou estudo) que você fez individualmente, em família e/ou em grupo.

5º tema
Jesus está na história

Muitas comunidades cristãs já conheciam os escritos de Paulo, o apóstolo, e as listas de palavras e narrativas de parábolas, milagres de Jesus, mas ainda não conheciam os Evangelhos. O evangelho de Marcos foi o primeiro a ser escrito, por volta dos anos 65 a 70 E.C.

Uma década de profundas mudanças (60 E.C.)

Os anos de 60 constituíram-se em uma década marcada pela ocorrência de fatos decisivos para as novas comunidades cristãs e para o judaísmo. Paulo, que estava preso em Cesareia, é transferido para Roma, onde continuou em cativeiro por mais quatro anos. Por volta do ano 67, é decapitado. Pedro talvez já tivesse sido martirizado em Roma, no ano 64 ou 67. Tiago, o irmão do Senhor, líder da comunidade judaico-cristã de Jerusalém, também já havia sido martirizado no ano 62. Em julho de 64 deu-se o incêndio de Roma com a consequente perseguição dos cristãos, por instigação de Nero. Em 66 ocorre uma rebelião dos judeus, em Alexandria, que foi sufocada por Tibério Alexandre, prefeito do Egito, o qual mandou massacrar milhares deles. Ao mesmo tempo, em Cesareia houve grandes manifestações antijudaicas por parte da população helenista. Os judeus procuram proteção junto aos romanos, dando-lhes inclusive dinheiro, porém, sem terem o retorno esperado, sentem-se frustrados e irritados.

Em maio de 66, o procurador Jéssio Floro fez um saque no Templo de Jerusalém, provocando protestos na cidade. Os romanos reagiram com violência, dizimando cruelmente vários judeus das lideranças. O que era inicialmente protesto transforma-se em rebelião, e os judeus expulsam os romanos de Jerusalém, assumindo o governo da cidade. A rebelião estende-se até a Galileia. No ano seguinte, os soldados romanos, sob o comando de Vespasiano e seu filho Tito, iniciam a retomada do poder, a partir da conquista progressiva da Galileia, vindo em direção ao sul. Depois do retorno de Vespasiano para Roma, com o objetivo de apropriar-se do trono imperial, em 69, Tito fica à frente do exército romano e, finalmente, consegue conquistar Jerusalém no ano 70, culminando com a destruição do Templo e da cidade. A comunidade judaico-cristã, não tendo aderido à revolta, já havia, anteriormente, abandonado a cidade, refugiando-se em Pela, na Transjordânia.

A destruição do Templo e de Jerusalém teve profundas consequências para o cristianismo e para o judaísmo. Desaparece a comunidade central judaico-cristã, que já havia perdido o seu líder, Tiago Menor. Daí para a frente, na década de 70, as diversas comunidades começam a se estruturar como "igrejas" autônomas. O judaísmo, perdendo o lugar central de culto, Templo e capital, sofre grandes transformações: desaparece a função sacerdotal e os saduceus são dispersos. O novo Sinédrio, no qual só participam os escribas fariseus, passa, agora, a ter sede em Jâmnia e procura preservar a identidade judaica por meio da estrita e rigorosa observância de preceitos legais, com uma posição de intolerância para com a fé e as práticas dos cristãos.

A década de 60 se caracteriza como sendo o fim do período apostólico, iniciando-se o período subapostólico a partir da década de 70.

O anúncio do "evangelho" em Paulo

Nos textos canônicos que formam o Segundo Testamento encontramos, nas cartas de Paulo, os primeiros escritos referentes à pregação e à missão nas primeiras comunidades cristãs, que abrangem um período de cerca de 15 anos (de 45 a 60). O conteúdo de sua pregação é o que ele chama "o meu Evangelho" (Rm 2,16), "nosso Evangelho" (2Cor 4,3), "evangelho de Deus" (Rm 1,1). Paulo usa o verbo grego "evangelizar", que corresponde a *anunciar* na língua hebraica. Este verbo aparece algumas vezes no Primeiro Testamento, na tradução dos "Setenta", nos profetas, particularmente em Is 52,7, que Paulo citará em Rm 10,15. Pelo repetido uso da palavra "evangelho", que aparece 39 vezes nas suas cartas autênticas como substantivo, Paulo a consagra, associando-a à Boa-Nova de Jesus. Nos sinóticos, a palavra aparece apenas dez vezes (nenhuma vez em Lucas nem em João). Nas cartas de Paulo, o "seu evangelho" é o anúncio da morte e ressurreição de Jesus, dando a Jesus o nome próprio de "Cristo" (ungido, messias): Jesus Cristo, Cristo Jesus ou, apenas, Cristo. O Cristo ressuscitado é apresentado como o Senhor (*Kyrios*), revestido de glória e poder. Por sua morte na cruz e sua ressurreição, Jesus se torna o Redentor (*Go'el*) da humanidade, libertando-a do pecado e da morte. Este Cristo voltará com poder para julgar os vivos e os mortos, destinando uns à glória, outros à condenação.

No "seu evangelho", Paulo não menciona nenhum episódio envolvendo o Jesus de Nazaré, presente entre os homens e mulheres, com seus gestos, suas ações e suas palavras, reveladoras da redentora misericórdia de Deus. Neste sentido podemos considerar apenas a rápida referência: "enviou Deus o seu Filho, nascido de uma mulher" (Gl 4,4), e a referência à ceia do Senhor Jesus (1Cor 11,23-26). Nas comunidades influenciadas por Paulo, certamente predominava a visão do Cristo ressuscitado, glorioso.

Recuperando a "face" do Jesus histórico

Contudo, nas diversas comunidades circulavam memórias de Jesus no seu quotidiano e no seu convívio com os discípulos, bem como credos e hinos que lembravam a sua encarnação, a crucifixão e ressurreição. Coube a Marcos, no decurso da década de 60, resgatar essas memórias, compilando e redigindo textos, formando um conjunto com gênero literário original, ao qual denominou de "evangelho", também (Mc 1,1). Recuperava-se, assim, a imagem do Jesus humano, com toda a sua capacidade de resgatar e comunicar a vida. Procurava-se, assim, trazer aquele Cristo celestial, glorioso, para o nosso humilde convívio, como o Jesus de Nazaré, presente no nosso cotidiano, com seus envolvimentos em nível comunitário, social, econômico e político, recuperando a dignidade humana e dando à nossa vida um sentido divino e eterno. Sem dúvida, as memórias que circulavam, e que foram registradas por escrito, traziam, além dos traços próprios de Jesus, muitas projeções e interpretações marcadas pela cultura de seu tempo e de seu povo, particularmente pela ideologia que tradicionalmente circulava, elaborada a partir dos interesses das classes elitizadas e privilegiadas, tanto do ponto de vista econômico como do ponto de vista religioso (Mc 8,15; 10,35-37.48).

A iniciativa de Marcos em redigir um "evangelho" vai inspirar as redações de Mateus e de Lucas, que o usaram como uma de suas fontes, na década de 70, formando a tríade dos evangelhos "sinóticos". Na ordem em que se encontram no Segundo Testamento, o evangelho de Marcos é o segundo dos sinóticos.

O evangelho de Marcos

Marcos foi pioneiro ao redigir sua obra literária sobre Jesus e seu discipulado, criando um gênero literário próprio, que passou a ser chamado de "evangelho", segunda palavra de seu texto e já utilizada anterior e abundantemente por Paulo. Percebe-se que sua intenção é resgatar a importância do Jesus terreno para a vida das comunidades e para o anúncio da fé, preenchendo, talvez, uma lacuna diante do anúncio paulino, predominantemente centrado na figura do Cristo glorioso. Assim Marcos constrói uma obra unitária sobre a vida de Jesus. Ao redigir, ele tem presente, também, as experiências típicas de sua comunidade, que se refletem em seu texto, e dá, ainda, à sua obra um certo caráter apocalíptico.

Os textos reunidos no evangelho de Marcos foram, inicialmente, publicados anonimamente. A partir do testemunho de Papias, em 135, e da antiga tradição cristã, há um consenso em se atribuir a autoria desse evangelho a Marcos, identificado com João Marcos, várias vezes mencionado em outros livros do Segundo Testamento.[1]

A Galileia sob grilhões

Com a deflagração do movimento rebelde na Judeia e na Galileia, no ano 66, os exércitos romanos são enviados para sufocar a rebelião. Vêm pelo norte, a partir da Síria, ocupam inicialmente a Galileia, e, posteriormente, entram em choque com a resistência dos camponeses e outros grupos rebeldes. O evangelho de Marcos faz alusão a esse contexto na narrativa da expulsão de um espírito impuro que possuía um homem na região de Gerasa (Mc 5,1-20). O nome do demônio era legião, por ser constituído de muitos espíritos maus. Cumprindo uma ordem de Jesus, eles entram nos corpos de porcos que pastavam por ali e se atiram no mar. Os porcos, impuros para os judeus, provavelmente eram criados para o consumo dos ocupantes romanos da Decápole. Esta e outras passagens de Marcos, como a advertência para abandonar a Judeia diante da iminente tribulação (Mc 13,14-19), sugerem que o evangelho tenha sido escrito na Galileia ou na Síria, durante o período da revolta judaica. Os destinatários deste evangelho certamente são cristãos gentios, porém ligados a uma origem palestinense. Segundo a tradição, o evangelho teria sido composto em Roma, porém os estudos mais atuais inclinam-se para uma redação na Síria ou mesmo na Galileia,

---

Cf. At 12,12.25; 13,5.13; Cl 4,10; 1Pd 5,13.

mais proximamente dos conflitos que aí ocorriam.

Um discípulo de João: entre as feras e os anjos

No prólogo de seu evangelho, Marcos aponta o fim principal de sua obra: apresentar a "Boa-Nova" (o evangelho) de Jesus, Filho de Deus (Mc 1,1). Essa Boa-Nova não é apenas a transmissão de uma doutrina ou de princípios éticos de vida. Ela é a revelação da própria pessoa, das palavras, dos gestos e da obra de Jesus, intimamente ligado à sua comunidade. Mostra-nos Jesus, Filho de Deus, atuando entre homens e mulheres, na história.

Depois de apresentar João, o batista, com uma prática autônoma em relação ao judaísmo, Marcos introduz Jesus que se aproxima de João como um de seus discípulos (Mc 1,9). Sob uma narração em estilo apocalíptico, Jesus recebe o Espírito (Mc 1,10-11) e é conduzido ao deserto, onde é tentado por Satanás, vive entre as feras, enquanto os anjos o serviam (Mc 1,12-13). Aqui Marcos antecipa uma síntese de seu texto, que será marcado pelo conflito de Jesus com os sistemas imperial e religioso, opressores, de seu tempo, significando que a manifestação do Reino e o combate apocalíptico acontecem já, em nossa própria história.

Sair da casa para seguir o caminho da libertação

O evangelho de Marcos divide-se em duas partes. A primeira termina com a proibição de Jesus para que o considerassem como o "Cristo" (Mc 8,27-30). A segunda parte começa com o anúncio de Jesus aos seus discípulos sobre os sofrimentos por que deveria passar (Mc 3,31) e termina com o anúncio do anjo a Maria Madalena, Maria mãe de Tiago e Salomé, de que Jesus precederia os discípulos na Galileia (Mc 16,7-8). Os textos das aparições do ressuscitado, em 16,9-20, são acréscimos posteriores a este evangelho.

Na primeira parte, Marcos narra o ministério de Jesus na Galileia e nas regiões vizinhas gentias de Tiro, Sidônia, Decápole e Cesareia de Filipe. Nesse ministério há um destaque da "casa" como um referencial de Jesus em relação aos seus discípulos (Mc 1,29; 5,19.38; 6,10; 8,26). É na casa, e não no Templo, que acontecem as relações vitais comunitárias. A Galileia, e mais ainda a Samaria, era considerada pelo judaísmo como uma terra impura, por causa da mistura de raças, e, portanto, desprezada. Jesus, após o batismo de João, reúne-se em comunidade, e em comunidade exerce seu ministério na Galileia. Em Marcos, mais do que falar, Jesus age, cura doentes e expulsa demônios, em repetidas ocasiões.[2] Tais narrativas são expressão da presença e ação libertadora de Jesus em relação às diversas formas em que a vida é tolhida e reprimida. Ele é procurado por multidões de camponeses, pescadores, doentes, famintos, desempregados, abandonados pelos poderes públicos e desprezados pelas elites religiosas. Contudo, Jesus se identifica simplesmente como "Filho do Homem", expressão usada em Ez 2,1, e que tem um sentido de humildade da condição divina,[3] rejeitando qualquer interpretação gloriosa-messiânica sobre sua pessoa e sua atividade.[4] Marcos narra os conflitos de Jesus, em seu ministério, tanto com os que têm o poder político e religioso nas mãos[5] como também, de maneira insistente, com os seus discípulos, que tardam a compreendê-lo.[6]

Marcos 8,31-33 é transição para a segunda parte do seu evangelho. Jesus, tendo descartado qualquer perspectiva gloriosa de sua missão, passa a expor a dimensão de sofrimento até a morte à qual se expõe, ele e também o discípulo que quiser segui-lo. E está registrada a repreensão a Pedro por querer afastá-lo dessa opção.

Na segunda parte, a partir de 8,34, dando continuidade aos versículos anteriores, Jesus expõe quais devem ser as expectativas de quem quiser segui-lo: sair da "casa" e seguir o "caminho". Marcos, nesta parte, usa a palavra "caminho" como principal referencial para a dinâmica da ida de Jesus para Jerusalém, onde se dará o desfecho de sua missão. Já no versículo 8,27, Jesus e seus discípulos estão no "caminho". A seguir *caminha* através da Galileia (Mc 9,30.33-34), e toma o *caminho* da Judeia, subindo para Jerusalém (Mc 10,1.17.32). Em Jericó, já próximo de Jerusalém, à beira do *caminho* encontra o cego Bartimeu, que o segue no *caminho* (Mc 10,46-52).

---

[2] Cf. Mc 1,32-34; 2,1-5.12; 3,7-12.20; 4,1; 5,21-43; 6,31.34.44.55-56; 7,14; 8,1-2.

[3] Cf. Mc 2,10.28; 8,31.38; 9,12.31; 10,33.45; 14,21.62.

[4] Cf. Mc 1,34.43-44; 3,12; 5,43; 7,36; 8,30.

[5] Cf. Mc 1,4; 2,6-7.16.18.24; 3,2.6.21-22; 7,5.

[6] Cf. Mc 1,36-38; 4,13.40; 7,18; 8,17.21.32-33; 9,18-19.32-37; 10,13-14.35-40.

Visão Global 14

Após a narrativa da "transfiguração", em estilo apocalíptico, a fim de "abrir os ouvidos" dos discípulos, na caminhada para Jerusalém, vem a exposição sobre as exigências do Reino: o maior deve ser o servidor de todos; poder e riqueza são obstáculos à sua participação. "Pois o Filho do Homem não veio para ser servido, mas para servir e dar a sua vida em resgate por muitos" (Mc 10,45).

Finalmente, em Jerusalém, término do caminho, dá-se o confronto libertador decisivo com o sistema idolátrico de dominação (Mc 11,15-19). Templo e cidade serão destruídos (Mc 13). Ao contrário, a paixão e morte de Jesus não é o fim. A Ressurreição é o anúncio da presença viva de Jesus no decorrer de todos os tempos, e, libertados do medo, os discípulos devem retornar à Galileia para o reencontro (Mc 16,7-8).

O evangelho de Marcos é extremamente atual, no sentido de que nos ajuda a perceber, hoje, a presença histórica de Jesus em nossas comunidades, com sua ação salvífica e libertadora, em uma realidade conflitiva e de opressão vivida, particularmente, na nossa América Latina.

Conclusão

Neste estudo do volume 14, percorremos o longo caminho dos missionários, sobretudo os da comunidade cristã de Antioquia da Síria, liderados por Paulo, visitando as inúmeras comunidades por eles fundadas na diáspora. A antiga diáspora judaica serviu inicialmente de suporte para a expansão do cristianismo, porquanto havia judeus vivendo em quase todas as localidades fora da terra de Israel, pulverizadas pelo território do império romano. A essas comunidades de judeus os missionários cristãos começaram a se dirigir, mas passaram logo a uma tática diferente, inaugurada e levada adiante pelos discípulos antioquenos, pela primeira vez chamados de "cristãos". A constante e crescente recusa do Evangelho por parte dos judeus levou os cristãos a se dirigirem direta e prioritariamente aos pagãos. Abriram mão da intermediação da sinagoga como ponto de partida da missão. Com isso, abriu-se infinitamente o campo da missão. As cartas de Paulo e o evangelho de Marcos, realçando a face humana de Jesus, são as pérolas literárias desse ardor, desse vigor e dessa expressiva multiplicação das comunidades no primeiro século do cristianismo. Nosso estudo procurou captar nesses escritos o entusiasmo que envolveu aqueles missionários, homens e mulheres, na constante caminhada pelas estradas da diáspora, com o único fim de anunciar a Boa-Nova da Salvação em Cristo, mesmo entre perseguições, fadigas e inseguranças. Assim foi, é e sempre será toda caminhada da Igreja.

CRONOLOGIA DAS COMUNIDADES CRISTÃS DA TERRA DE ISRAEL (DE 6 A.E.C. A 70 E.C.)[7]	
JESUS E AS PRIMEIRAS COMUNIDADES	TERRA DE ISRAEL E ROMA
Por volta de 6 a.E.C., nascimento de Jesus em Belém	37-4 a.E.C. Herodes Magno reina em Jerusalém
Entre 4 a.E.C. e 27 E.C., Jesus vive em Nazaré	29 a.E.C. a 14 E.C. Augusto, imperador de Roma
	4 a.E.C. a 6 E.C. Arquelau governa a Judeia e a Samaria
27-28: atividade de João Batista	4 a.E.C. Herodes Antipas governa a Galileia e a Pereia
27-28: início do ministério público de Jesus (até a Páscoa do ano 30)	6-41: a Judeia torna-se província romana governada por um procurador (sede em Cesareia Marítima)
Páscoa de 28: Jesus expulsa os vendilhões do Templo	14-37: Tibério, imperador de Roma
Início de 29: execução de João Batista em Maqueronte por Herodes Antipas	Por volta de 6-15: Anás, sumo sacerdote em Jerusalém 18-36: Caifás, sumo sacerdote
Páscoa de 30: morte de Jesus na cruz em Jerusalém	26-36: Pôncio Pilatos, procurador da Judeia
31/33: perseguição dos "helenistas"	36/37-41: Marcelo, procurador da Judeia

---

[7] A maior parte das informações foi tirada de S. G. Segalla, *Panorama Storico del Nuovo Testamento*, Brescia, Queriniana, 1989, pp. 122-123. Algumas datas, porém, foram alteradas segundo a cronologia da Bíblia de Jerusalém, de onde foram extraídas as demais informações.

Visão Global 14

CRONOLOGIA DAS COMUNIDADES CRISTÃS DA TERRA DE ISRAEL (DE 6 A.E.C. A 70 E.C.)	
JESUS E AS PRIMEIRAS COMUNIDADES	TERRA DE ISRAEL E ROMA
Perto de 34: martírio de Estêvão; Filipe evangeliza a Samaria entre 34 e 45; apostolado de Pedro na Samaria, na planície marítima e em Jerusalém	Páscoa de 36 até Páscoa de 37: Jônatas (filho de Anás) é empossado sumo sacerdote por Vitélio, legado da Síria (35-37).
Entre 34 e 37: chamado de Paulo	37-41: Calígula, imperador de Roma
Paulo na Arábia	37-41: Teófilo (irmão de Jônatas) é empossado sumo sacerdote por Vitélio
37-38: primeira visita de Paulo aos apóstolos de Jerusalém	
37/38: início da missão entre os pagãos pelos judeu-cristãos de Cirene e de Chipre	37-44: Agripa I recebe as tetrarquias de Filipe e Lisânia, como rei
Por volta de 37: fundação da comunidade de Antioquia da Síria	39: Herodes Antipas é deposto por Calígula e desterrado
	40: Agripa I recebe de Calígula a tetrarquia de Antipas
	41-54: Cláudio, imperador de Roma
Páscoa de 44: Agripa I executa Tiago, filho de Zebedeu, e prende Pedro	41-44 Agripa I recebe de Cláudio a Judeia e a Samaria, reconstituindo o reino de Herodes Magno
Entre 46 e 48: Primeira viagem missionária – Paulo e Barnabé (Chipre e Panfília)	44: A Judeia volta a ser província procuratoriana (até 66) 44-46: Cúspio Fado, procurador da Judeia 46-48: Tibério Alexandre, procurador
48: Concílio de Jerusalém. Tiago, "o irmão do Senhor", lidera a comunidade	47-48: carestia na Palestina (seca e fome). Coleta das comunidades da Ásia para os irmãos da Judeia
49/50-52: Paulo em Corinto – segunda viagem missionária de Paulo (Ásia e Macedônia)	47-52/59: Ananias é designado sumo sacerdote por Herodes, rei de Cálcis (41-48), irmão de Agripa I 48-52: Ventídio Cumano
53-56/57: Paulo em Éfeso	49: Edito de Cláudio expulsando os judeus de Roma

Jesus está na história

CRONOLOGIA DAS COMUNIDADES CRISTÃS DA TERRA DE ISRAEL (DE 6 A.E.C. A 70 E.C.)	
JESUS E AS PRIMEIRAS COMUNIDADES	TERRA DE ISRAEL E ROMA
Entre 53 e 58: terceira viagem missionária de Paulo (Galácia e Frígia e depois Macedônia e Grécia)	49: Agripa II, filho de Agripa rei de Calcis (48-53), recebe o poder de nomear os sumos sacerdotes
Inverno de 55/56 ou 56/57: Segunda ida de Paulo a Corinto	52-60: Antônio Felix 52-59: Jônatas, sumo sacerdote
Pentecostes de 56 ou 57: Paulo é preso em Jerusalém	54-68: Nero, imperador de Roma
57-59 ou 58-60: Paulo fica preso em Cesareia	60-62: Festo, procurador da Judeia Entre 59 e 67: rei Agripa II nomeia seis sumos sacerdotes
59 ou 60:- viagem de Paulo como prisioneiro para Roma	60-62: Pórcio Festo, procurador
59-61 ou 60-62: Paulo, em Roma, espera o julgamento de seu processo	62-64: Lucéio Albino, procurador
62: martírio de Tiago, "irmão do Senhor", pelo sumo sacerdote Anã	62: Anã, sumo sacerdote 64: incêndio de Roma. Nero persegue os cristãos
67: martírio de Pedro e Paulo em Roma	64-66: Floro, procurador
66-70: fuga de cristãos de Jerusalém para Pela	66-70: revolta judaica contra os romanos. João de Gíscala, com seus zelotes e os idumeus, conquistam Jerusalém
	68: suicídio de Nero: vários generais disputam o poder de Roma
	69: Simão Bargiora e os sicários resistem em Jerusalém
	69-79: Vespasiano, imperador de Roma
	70: tomada de Jerusalém pelos romanos. Destruição do Templo. A Judeia, província imperial confiada ao legado da 10ª legião

Roteiro para o estudo do tema

1. Oração inicial
Conforme a criatividade do grupo.

2. Mutirão da memória
Compor a síntese do conteúdo já lido por todos no subsídio. Caso as pessoas não tenham o subsídio, ficará a cargo do(a) líder expor a síntese.

Recurso visual
Expor ao lado do mapa da viagem de Paulo a Roma as fotografias e/ou lembranças trazidas de uma de suas viagens, a mais significativa para você, e comentá-las.

3. Partilha afetiva
Paulo realizou diversas viagens missionárias pela Ásia, Grécia e chegou até Roma. Neste livro nós tivemos a oportunidade de conhecer o nome dos lugares, os fatos mais importantes que aconteceram a Paulo e seus companheiros durante a viagem de navio, desde a Cesareia Marítima até Roma.

Em grupos ou no plenário, dialogar:
- Quais foram os perigos que Paulo enfrentou nessa viagem?
- Qual foi a motivação maior que levou Paulo a fazer essa viagem?
- Quais são os perigos que nós hoje enfrentamos para anunciar Jesus e sua mensagem?
- Há alguma semelhança entre a minha viagem e a viagem de Paulo?
- Eu seria capaz de enfrentar os perigos que Paulo enfrentou pela causa de Jesus Cristo?

4. Sintonia com a Bíblia
Ler At 28,17-31.

O apóstolo Paulo ao chegar em Roma se dirige aos judeus para afirmar a sua fidelidade às tradições dos seus antepassados, e está preso por causa da esperança de Israel.

Diálogo de síntese:

- Qual é a declaração de Paulo aos judeus, segundo At 28,23-31?
- Se ele estivesse em nossa cidade e em nossa comunidade, qual seria a recomendação que ele faria?

Subsídios de apoio

Bibliografia utilizada

BRAVO, C. *Galileia ano 30*. São Paulo: Paulinas, 1996.

CASTRO, J. F. M. *Transparências de mapas e temas bíblicos para retro-projetor*. São Paulo: Paulinas, 2001.

LOHSE, E. *Contexto e ambiente do Novo Testamento*. São Paulo: Paulinas, 2000.

MOSCONI, L. *Atos dos Apóstolos*. São Paulo: Paulinas, 2001.

MYERS, C. *O Evangelho de São Marcos*. São Paulo: Paulus, 1992.

PESCE, M. *As duas faces da pregação de Paulo*. São Paulo: Loyola, 1996.

RICHARD, P. *O movimento de Jesus depois da ressurreição*: uma interpretação libertadora dos Atos dos Apóstolos. São Paulo: Paulinas, 1999.

SÁNCHEZ, T. P. Paulo: aventura entre os pagãos. *Comunidades proféticas a caminho*. São Paulo: Paulinas, 1992.

VERMES, G. *Jesus e o mundo do judaísmo*. São Paulo: Loyola, 1996.

VV.AA. *Atos dos Apóstolos*. Estudos Bíblicos, n. 70. Petrópolis: Vozes, 2001.

VV.AA. *Evangelho de Marcos: boas-novas para o novo milênio*. Estudos Bíblicos, n. 64. Petrópolis: Vozes, 1999.

Bibliografia de apoio

AUTH, Romi; DUQUE, Maria Aparecida. *O estudo da Bíblia em dinâmicas: aprofundamento da Visão Global da Bíblia*. São Paulo: Paulinas, 2011. pp. 245-259.

BORTOLINI, J. *Evangelho de São Marcos*: para uma catequese com adultos. São Paulo: Paulus, 2003.

BRAVO, C. *Galileia ano 30*. São Paulo: Paulinas, 1996.

Lohse, E. *Contexto e ambiente no Novo Testamento*. São Paulo: Paulinas, 2000.

Mosconi, Luis. *Evangelho de Jesus Cristo segundo Marcos*: para cristãs e cristãos rumo ao Novo Milênio. São Paulo: Loyola, 1997;

_____. *Atos dos Apóstolos*, São Paulo: Paulinas, 2001.

Myers, C. *O Evangelho de São Marcos*. São Paulo: Paulus, 1992.

Pesce, M. *As duas faces da pregação de Paulo*. São Paulo: Loyola, 1996.

Richard, P. *O movimento de Jesus depois da ressurreição*: uma interpretação libertadora dos Atos dos Apóstolos. São Paulo: Paulinas, 1999.

Sánchez, T. P. *Paulo*: aventura entre os pagãos. Comunidades proféticas a caminho. São Paulo: Paulinas, 1992.

Vermes, G. *Jesus e o mundo do judaísmo*. São Paulo: Loyola, 1996.

VV.AA. Atos dos Apóstolos. *Estudos Bíblicos*, n. 70. Petrópolis: Vozes, 2001.

_____. *Evangelho de Marcos*: boas-novas para o novo milênio. *Estudos Bíblicos*, n. 64. Petrópolis: Vozes, 1999.

Recursos visuais

Castro, J. F. M. Transparências de mapas e temas bíblicos, para retroprojetor. São Paulo: Paulinas, 2001.

Paulo de todos os povos. Direção de Roger Young. São Paulo: Paulinas Multimídia, 2002. (175 min), son., color.

Pedro e Paulo com coragem e fé. Direção de Robert Day. Brasil: Universal Pictures do Brasil, 1981. (197 min.), son., color.

O Quarto sábio. Direção de Michael Ray Rhodes. São Paulo: Paulinas Multimídia, 1985. (85 min.), son., color.

Rua Dona Inácia Uchoa, 62
04110-020 – São Paulo – SP (Brasil)
Tel.: (11) 2125-3500
http://www.paulinas.com.br – editora@paulinas.com.br
Telemarketing e SAC: 0800-7010081